あの世に持っていけるのは「思い出」だけ

平田進也

サンマーク出版

もくじ

ブックデザイン 轡田昭彦+坪井朋子
カバーイラスト ©Isoda Mitsuo/ARTBANK/amanaimages
編集協力 山守麻衣
校閲 鷗来堂
編集 池田るり子(サンマーク出版)

はじめに

せっかく、生きているんだから。

この1年間で、何回、
「今、心が震えた！」という瞬間があったでしょうか。

圧倒されるほどの自然に。
見たことのない景色に。
会ったことのない人との会話に。
食べたことのない美味に。

今年の予定表を見てみてください。
なんとなく過ぎていく1日と、
指折り数えて楽しみにして、味わい尽くせる1日と、
どちらが多いでしょうか?

ぼくの父親が、亡くなる時にこう言ってくれました。

「あの世に持っていけるのは、
思い出だけだ。
思い出をたくさん増やしてくれて
ありがとう」と。

日本人の平均寿命は、
男性81歳、女性87歳。
さあ、今の年齢を引いてみてください。
思い出を増やせる、残りの時間が出ましたね。
その時間で、持ちきれないほどの「思い出」を、
増やさなくては、もったいない!!

せっかく、生きているんだから。

思い出を増やすのに、一番簡単な方法。
それは、旅に出ることです。
旅に出ると、「死ぬまで忘れない1日」を
たくさん増やすことができます。

新しい友人に出会った日。
信じられないほど美しいものを見た日。
これ以上ないほど、おいしいものを食べた日。
人生で一番遠いところへ来た日。

さあ、
思い出を増やして、
毎日を楽しみ尽くし、
生き尽くす。
そんな人生の旅程表を組みましょう。

この本では、ぼくが44年間、添乗員として働いてきて、
何万人ものお客様とお会いして気づいた、
思い出を増やしながら生きるためのコツや、
どう生きれば、もっと人生を楽しみ尽くせるのか、
そのための方法をお伝えします。

旅に出ることは、
人生を生き尽くすこと。

旅の予定を立てることは、
明日の自分を輝かせること。

生きているんだから。

第1章

自分自身を楽しませる時間を増やす「7つのコツ」

「自分を楽しませる時間」を「長く」するコツがある

「人生100年時代」と、よく言いますね。これまでは「人生80年」だったのが、寿命がどんどん延びて、人生100年時代になりました。

では、**どんな時間が増えたら、あなたはもっと幸せになるでしょうか。**

いつまで生きるか分からないから、と省エネで生きる時間？

子供が巣立って、寂しい時間？

そんな時間が増えたって、ちっともうれしくないですよね。

ぼくは、44年間、旅行の添乗員という仕事をさせていただいて、分かったことがあるのです。それは、**「シニアになってからでも、自分の『生き方』次第で、増えた20年間を『いい時間』にすることができる。つまり、いい人生を20年間長く過ごすこと**

ができる」ということです。

年をとっても、いつまでも元気で、新しいことになんでもチャレンジして、友達もたくさんいる。

たとえ少し体が悪くなっても、自分で自分を楽しませて、毎日イキイキと過ごす。そういうふうに生きていらっしゃる方を、何人も見てきたからです。

きっと、これまでの人生の前半は、自分以外の何か、誰かのために時間を使う時期だったはずです。働いたり、家庭をきちんと運営したり、大事な人を支えたりすることにたくさんの時間を使ってきたはずです。

おそらく、この本を読んでくださっているあなたも、そうして、誰かのために過ごしてきたのではないでしょうか。

多くの人は、60代以降になれば、仕事が一段落したり、子供が一人前になって巣立ってくれたりして、自分の時間をようやく持てるようになることでしょう。

言わせてください。

ここからです。

これからの時間は、誰かのために尽くすばかりでなく、「自分自身をもっと楽しませる時間」を長く過ごしたっていいのではないでしょうか。

脅すわけではありませんが、人生がいつ終わるかなんて、誰にも分かりません。明日にだって、いいえ、今日にだって、災害や病気などで、思うような行動をとれなくなることだってあるのです。

ひとつ、簡単なテストをさせてもらいますね。

〝あなたの忘れられない思い出はなんですか？〟

「わが子の結婚披露宴が、楽しかった」

「愛犬を家に迎えられた日が、うれしかった」

そんなお答えが出た方は……実は要注意です。

もちろん、それらが素敵な思い出であるのは間違いありません。でも、あなた自身が「主役」の思い出は、いくつあるでしょうか。

あなたが、主役となって、楽しんだ日。あなたが、あなたの願いを叶《かな》えた日。

そんな日を、いくつ思い出せるでしょうか？　今まで生きてきた年月の中で、「誰か」が主役の思い出と、自分が主役の思い出の、どちらが多いでしょうか。

この「誰かが主役の思い出」が多い人は、これからの20年を「楽しみ尽くす」スタートラインにあると思ってほしいのです。

今まで、よくぞがんばっていらっしゃいました。これから、もう少しだけ人生を楽しんだって、バチは当たりませんよ。

人生の時間のうちの、「自分が楽しかった時間」を延ばす。

これが、人生が80年から100年に変わった理由だと思いませんか。

あくせく働いて、一息ついたら終わってしまうのではなく、もっと楽しむ時間を神様がくれたのだと思うのです。

そもそも人生とは、たった一度限りのものです。

幸運にも与えられた命なのですから、「楽しい！」「うれしい！」という瞬間を思いっきり味わい、できるだけ多く積み重ねていきませんか。

では、そのためにはどうしたらいいか。**ぼくが44年間観察して分かったいい人生を長くするコツは「いい思い出を増やそうとしながら生きること」なんです。**

自分を楽しませるコツ 1

「死ぬまで忘れない1日」を増やすために「アレ」をする

ちょっと不謹慎なことを言わせてもらいますが、**あの世にお金は持っていけません。お金も、名誉も、実は家族でさえも、持っていけない。持っていけるのは、この世の「思い出」だけなのです。**

旅に出ると、記憶にも残らないような「どうでもいい1日」が「死ぬまで忘れない1日」へと転換される。

そうすることで、あの世に持っていく荷物をどんどん増やすことができるのです。

ぼくが、あの世に持っていけるのは「思い出」だけだと考えるに至ったのは、死にゆく自分の父親とこんな会話を交わしたからです。

「進也、人生ほんまにあっという間やで」

「お父ちゃん、いつの時代が一番よかったんや？」

「進也にいろんなところに旅行に連れていってもらったから、その思い出をいっぱいおみやげにして死ねるわ。思い出は人生のご褒美やなぁ」

これは、死ぬ間際の本音。亡くなる人から生きている人への贈る言葉です。

父の死が安らかだったのは、生前に楽しかった思い出を積み重ねていたことが、大きな理由の一つかもしれません。またぼく自身も「親孝行ができた」という満足感が大きかったので、感謝をしながら後悔なく見送ることができました。

そんな経験もあることから、**ぼくは人生の中で「思い出」を少しでも増やそうとして生きることを、強くおすすめしたい**のです。

そして、**思い出を増やすための、簡単で、一番楽しく、楽な方法が「旅の予定を立てること」**です。

今までがんばってきたご褒美として、自分が主役となって、好きな場所へ、好きな人と、旅に行っていいんです。それはなんとすばらしいことでしょうか。

70代、80代は「旅の黄金期」。時間に余裕があって、若い頃のような一泊二日の急いだ旅ではなく、ゆったりと時間を使い、自分のために旅ができる。そんな時期です。とくに「自分の足でまだ歩ける」という方は「旅の黄金期」の最中にいます。

「旅かあ。まだこれからいつまで生きるか分からなくて、お金を使うのもこわいし、もう少し後で、余裕ができてからかな」と思う方もいるかもしれません。

もちろん、お金を大事にすることも必要ですし、大事な人たちのために、多少のお金は残してあげたいという気持ちもあるでしょう。

でもね、楽しみのためにも、使っていいんですよ。

なぜなら、**旅の予定を決めると、出発日までワクワクして生きられる**からです。

「旅」が持つパワーを最大限に受け取るため、ぼくはカレンダーの旅の予定日に、大きな◎を書き込んでいます。また、それをお客様にもおすすめしてきました。これを幸せの二重丸と呼んでいます。

「あと1週間」「あと3日」「あと1日」……。

旅の予定が一度決まれば、出発日まで、気持ちがワクワクと高揚していきます。

つまり〝旅〟とは、それを待ち望む期間も含めて〝旅〟なのです。

残りの人生を、「ワクワクした時間を増やして生きるか」「後から考えたら、覚えてもいない時間を生きるか」。そう考えると、旅の予定を入れるだけで、ワクワクした時間をたくさん生きられるようになるのはとてもお得だと思いませんか。


こんなお客様がいらっしゃいました。

「旅の予定を決めると、リュックを新調しようかしら、帽子はどうしようかしらと、毎日の着替えから楽しくなるの。ちょっとデパートに行ってみて、何も買わなくても楽しんで帰ってくるのよ」

旅の予定が確定すると、「当たり前の1日」まで明るく鮮やかに彩ってくれます。

ですからあなたにも、幸せの二重丸を書き込んでいってほしいと願っています。

楽しい予定を立てることは、究極のアンチエイジング、最強の健康法なのです。

病院にお金を使うくらいなら、旅にお金を使ってみませんか。

自分を楽しませるコツ 2

新しい出会いを増やすための「投網《とあみ》」に出かける

旅で得られるのは「自分が主役の思い出」だけじゃありません。旅するだけで、オマケのように自動的についてくる宝物があるんです。

それは、いろんな人との「出会い」です。たとえば……。

バスや食事の席で隣り合わせたことから、連絡先を交換するくらい仲良くなれた、同じツアーの参加者さん。道を尋ねたことから会話が弾んだ食事処の店員さんや、親切な地元の人。訪れた寺院で、感動的な法話をしてくれたお坊さん。笑顔でもてなしてくれた宿の女将さん、ホテルのスタッフさん。そしてツアー中、駆けずり回ってなにかと世話を焼いてくれた添乗員。

大人になると、「出会い」自体が少なくなるもの。そんななか、たった数日で、何

十人もとの新しい出会いをもてることになります。

そもそも、**人生って「誰と出会うか」が勝負**やと思いませんか。自分以外の人と出会い、その人から刺激をもらったり、影響を受けたりして、自分の世界も広がっていくのですから。どんなにすごい人でも、自分ひとりで過ごしていたら、やがては心がこりかたまってしまうでしょう。

普通に生きていたら、誰だって、出会いは少なくなっていくもの。同じ家、同じ会社、同じ家族と生きているんですから、それは当たり前のことです。

ですから、たまには「人間関係の投網を投げてみる」時期を、あえて作ることをおすすめします。

定置網を置いて運まかせで獲物を狙う「待ち」の姿勢より、自ら旅に出ていく「攻め」の姿勢のほうが、獲れ高も多そうだし、楽しそうでしょう？　だから、魚がたくさん泳いでいそうなところに出かけて、投網を打つ。それが、旅というわけです。**そもそも、旅に出ると、人間関係や、しがらみや、今の立場などをたった1日でも忘れ**

て、**好きなように生きられる**のですから、新しい人間関係を作りやすくなるのは当然なのです。

そもそも「出会い」ってふたつの種類に分かれると思うんです。

「もう二度と会えないかも」という宝物のような一回だけの出会いと、「これからご縁を深めていこう」という〝おつきあいのタネ〟のような出会い。

旅の魅力って、どちらの出会いも増やしてくれることなんです。

「もう二度と会えないかも」という出会いとは、旅先でふらりと立ち寄った居酒屋さんでの交流などが当てはまります。「私の誕生日が近いと知って、大将が特別に一品おまけをしてくれた」「無口だけど、優しくてかっこいい人だったなぁ」などというように、記憶の中でずっと輝きつづけるような「出会い」です。

一方、旅のあとの日常を鮮やかにしてくれる〝おつきあいのタネ〟のような出会いもありがたいものです。

たとえばぼくのツアーの参加者さんたちにこんな方たちがいらっしゃいます。初めて一緒に行ったツアーで仲良くなり、旅のあとも定期的に〝密会〟を重ねていらっしゃるそうです。

もちろん、密会の中で出るのは、旅の話だそうです。旅の思い出話はもちろんのこと、次はあんなところに行きたい、コレが見てみたい、一年に一度は定例で旅行をしようなど、今や学生時代の友人よりも仲良くなっていらっしゃるそうです。

このように、**旅のあと、心の中に宝物級の思い出が増えたり、気の合った仲間と過ごす予定が立つことは、実はとてもよくあることだというのです。**それもこれも、旅がくれた「出会い」のおかげ。旅の濃密な時間を過ごした楽しい思い出があるからこそ、ずっと仲の良い友達になれる。

つまり、旅とは数日間の満足や喜びを与えてくれるだけでなく、その後の人生の幸福度まで上げてくれるのです。

振り返ると、誰だって若い頃は「何かを心待ちにする時期」が年に何度もあったはずなんです。職場には社内行事がつきものですし、家庭を運営していたら家族の誕生日や記念日もあります。そこにお子さんがいれば、クリスマスだのお正月だのお金のかかるイベントも加わります。

でも、年齢を重ねるにつれ、そんな楽しいことがどんどん減っていく。負担が減り、身軽になる反面、一抹の淋しさを覚える瞬間もあるでしょう。すると魔が差すように、次のような考えが浮かびやすくなります。

「私なんて、もうおらんでもええのんとちがうか」

「誰からも、必要とされてないみたいやなぁ」

そっち方面に意識が向きはじめたら、黄色信号です。心までひとりになってしまわないよう先手を打ちましょう。

つまりあなたの人生に〝喜びの刻印〟を打つように、旅の予定をどんどん入れてほしいんです。

これはぼくの持論ですが、**友達とは言わなくても、「また会おうね」と言い合える**

仲間がいたら、変な気持ちなんて起こりませんよ。

「自宅で孤独死」などという悲しいニュースも耳にしますが、そうなる前の防波堤として旅を活用してくださいよ。いろんなツアーに参加するうちに、気の合う相手と巡り会えるでしょう。

「ひとりで参加するなんて恥ずかしい」なんて思わんといてくださいね。そんな奥ゆかしいことを言うてる場合やありません。

今は「おひとりさま歓迎の旅」を、どの旅行会社も販売するようになっています。「おひとりさま限定の旅」だって増えています。そこまでお膳立てしてもらえるんですから、旅に出なきゃ大損ですよ。

大人になってからできる親友は、はりあったり、比べたりする気持ちから卒業して、「優しい気持ち」だけでつながることのできる大人の関係です。

旅での出会いは本来、一度きり。でも、自分が望んで関係を続ければ、「一生の友達」と言える存在を、作ることもできるのです。

自分を楽しませるコツ❸

人間という肩書だけで、人と対峙する

旅で〝一生の友達〟が、得られやすくなる理由はなんだと思いますか？　とてもシンプルで簡単な話です。**旅では、日頃の人間関係から解放され、あなたの肩書や属性がすべて関係なくなる**からです。

旅をしている最中は、上司や先輩、取引先の顔色を窺《うかが》ったり、誰かのために何かをする必要はありません。「勤め人」「部長」「夫」「妻」「後輩」「親戚」……。あらゆる肩書から解き放たれ、心を自由に、のびのびと遊ばせることができます。

しいて肩書を挙げるとすれば「ひとりの人間」でしょうか。ですから、旅のあいだは上下関係に悩むことがありません。**どんな人にも「はじめまして」と笑顔で声をかけ、相手と対等な立場でゼロから関係を築いていけばいいんです。**

逆に言うと、実社会でどんなに地位の高い人でも、偉い人でも、分からないことがあれば誰かに尋ねたり、助けを求めたりしなければなりません。またコミュニケーションを楽しみたくなったら、自分から心を開いて話しかける必要があります。

人間関係は、お金で始まったり、終わったりするものではないはずですから。

たとえば、旅のツアーに参加したときのことを想像してください。旅の初日に「同じテーブルで夕食をとったAさんはすごく無口で、どうも自分のことが嫌いらしい」と感じていたとします。でも、食事をともにしたり、バスで近くの席に座ったり、一緒に歩いたりしているうちに、少しずつ話をすると、ピタッと話が合い、心が触れ合う瞬間が訪れることもあります。

そんな瞬間が積み重なって、**「一瞬の出会い」が「永遠の出会い」に変わっていく。いつしか互いに、かけがえのない存在になっていく……**。「旅での一瞬の出会いが永遠の出会いになった人」を、ぼくはたくさん見てきました。

「積極的に仲間がほしいわけじゃない」という方もいらっしゃるかもしれません。そんな方には、「ひとりの人間」に戻ることの貴重さをお伝えしたいと思います。

職場での役職や社会での〝役割〟で心をがんじがらめにしている人は多いもの。たとえば**「◎◎家の嫁」というのも、なかなかしんどい〝役割〟ですよ。**

もちろん人間には「役割（肩書）があるから、人生をがんばれる」という部分が多かれ少なかれあります。とはいえ、たまにはそれを脱ぎ捨てないと、「ひとりの人間としてのわたし」が息苦しくなるんとちゃいますか。

ストレスが大きくなると、抑えつづけている感情が急に大爆発しかねません。その前に、旅でこまめにガス抜きしたらいいんです。そしたら、もっと長生きできますよ。「ひとりの人間」としての感覚を取り戻せること。「何者でもないわたし」に戻って、世界と向き合えること。かっこよく言うたら、それも旅の大きな効用なんです。

もっと言うと、旅先ではふだんと違う環境で過ごす局面もあります。「住まいとの気候の違い」「人と過ごすことの煩わしさ」など、気になることも出てくるでしょう。でも、それらに適応したりしていくのも、ひとつの挑戦です。初対面の人と同じ釜のごはんを食べ、楽しい時間を共有するのも、ある意味挑戦といえるでしょう。つまり旅とは〝いい年をした大人〟も成長することができる学びの場なんです。

たとえると、旅の現場とは「学校」のようなものかもしれません。

数十年前、あなたが学校に通いはじめたときの気持ちを思い出してみてください。入学式。大勢の知らない子たちと一緒に、講堂や教室に集められて、集団生活をスタートさせましたよね。最初は遠慮したり、恥ずかしがったり、控え目に行動していたはずです。

でも、だんだんと時間を過ごすうちに、自分の気持ちをはっきり伝えたり、「みんなと一緒って、面倒くさいな」と感じるようになったり、ときには大胆に振る舞ったりすることも増えていき、それでも億劫《おっくう》がらずにみんなと仲良く過ごすうちに、クラスメートが「大事な仲間」になったはずです。

数日間の濃厚な時間を過ごしながら、「何者でもない自分」に戻って、自分自身だけで、持っているものだけで勝負しながら、新しい人間関係を作り、育てていく。そんな体験を大人になってからも味わえるのが「旅」なんです。

自分を楽しませるコツ 4

「せっかくなら」で心の老化を防ぐ

旅先で「何者でもないわたし」に戻れたら、次は五感をめいっぱい使うことを目指しましょう。まわりの景色を楽しみ、その土地の方言に耳を傾け、郷土料理を味わい、地酒の香りを愛《め》でて、名産品に触れる。

スマホやテレビとにらめっこしてばかりいては味わえない生の体験を、たくさんしてください。もし相手から反応が返ってくるようなことがあれば、そのコミュニケーションをうんと楽しんでください。

「初めての土地だから緊張する」「新しいことに、もう興味をもてない」……。せっかく旅に出たのに、そんなふうに心を閉ざしてたらあきませんよ。五感をフル活用しないお客様は、旅行代金の半分を確実に損しています。

お金を損するよりもこわいのは、心の老化。知らないことや新しいことへの好奇心が薄れてきたり、何もしたくなくなったり、外界との接触が億劫になったりというのは、内面が老いはじめている証拠です。そのまま無気力、無関心がひどくなっていくと、運動量も減り、行動範囲もせまくなり、体の老化が進んでしまいます。

心の老化を防ぐために、旅先では「せっかくなら」を口癖にして、より行動的なほう（体験したことがないほう）を選んでみてください。たとえば次の3つは、五感がかなり刺激されますよ。

①せっかくなら、初対面の人（旅先で出会った人）にも積極的に話しかけてみる。

②せっかくなら、食べたことがないもの（地元の食材や郷土料理）を味わってみる。

③せっかくなら、着たことがないものを着てみる。

「『③着たことがないものを着てみる』ってどういう意味？」

と思ったあなたのために、あるマダムたちの話をさせてもらいますね。

とある学会が大阪で開かれることになり、そこに出席する先生たちの奥様方を、ぼくがご案内させてもらったときの話です。

集合場所に現れたのは、優雅で華やかで上品なマダムぞろい。まずは、大阪ではお約束の超高級グルメレストラン、しかもすばらしく眺めの良いお店にご案内しました。最初ですから、〝間違いのないスポット〟にお連れしたのです。

ところが、ひそかに観察していると、どのマダムも「満足だけれども、驚きはない」という様子。そりゃあそうでしょう、富裕層のみなさんですから「超一流の名店」には慣れきっていらっしゃるのです。

そんなお客様たちに喜んでもらうにはどうすればいいか。ぼくは必死に考えました。そして思いついたのが「この方々に喜んでいただけるのは、『贅沢《ぜいたく》』やない、『非日常』や！」。そして、向かったのは道頓堀《どうとんぼり》（戎橋《えびすばし》）と通天閣です。

どちらも、ぼくら庶民の定番観光スポットですが、彼女たちはなかなか来ることのない街です。「せっかく大阪に来ていただいたんですから」という大義名分で、戎橋で「グリコサイン」のポーズをキメてもらい、屋台のたこ焼きを召し上がってもらい、通天閣のお店で買ったアニマル柄シャツを着て記念撮影をしてもらいました。

もちろんマダムたちは、最初は「グリコのポーズ？　足をそんなに上げますの？」「路上で食べるなんて、恥ずかしいわねえ」「ヒョウ柄のTシャツにスパッツ？　派手すぎて恥ずかしいですわ！」と、乗り気ではありませんでした。

ところが最後はみなさん、楽しさが勝ったのでしょう。大きな口で「あつっ、熱い！でもおいしいわねえ」とたこ焼きをほおばり、「全身ヒョウ柄でタイガースね！」「あら、私はライオンズよ！」と完全に関西人のノリになったんです！　おすまししていたマダムたちが、笑いをとろうとしていることに気づき、うれしくなったものです。

「恥ずかしい」「興味がない」『面倒くさい』。そんなマダムたちの気持ちを吹き飛ばしてくれたのが、「せっかくなら」という魔法のフレーズです。彼女たちにしてみれば、このベタベタの大阪観光は「非日常への挑戦」だったのです。

「せっかくなら」が口から出たら、心が若くなった証拠。「どんなもんなの」と側《はた》から眺めるのではなく、真正面から楽しむ姿勢になれば、心はどんどん動いていきます。

自分を楽しませるコツ 5

感動しやすくなる状況を作り出す

旅の効用はほかにもあります。**旅先では、感動しやすくなっているんです。新しいものに触れ、見たことのない景色を見ることだけでも、感動しやすくなるはずです。**さらに、自分の立場や役目をいったん忘れ、感覚をとぎすましているわけですから、心のアンテナの感度も上がっています。

その証拠に、添乗しているとお客様のこんな声をよく耳にします。

「日本にも、まだこんなすばらしいところがあるんやね」

たしかに、日本はすばらしい。でもね、そう気づいてくれたお客様の感性もすばらしいじゃないですか！

たとえば、おうちに広い庭があって、季節を感じられるとしますよ。でも、そこではきっと、「あの枝をそろそろ剪定《せんてい》せなあかん」とか、やるべきことがセットで頭に浮かんでくるはずです。「葉っぱの生命力ってすごいなぁ」と感動する瞬間もあるでしょうが、そのあとの落ち葉掃除を思うと、ひたってばかりもいられませんよね（笑）。

つまり「感動」に「自分がやらなあかんこと」がオマケとしてついてくる。手間が増えてしまう。だから日常では、純粋な感動ってむずかしいんやと思います。

とはいえ、感動するって気持ちいいですよね。とくに、泣くとスカッとします。だからドラマや映画を見てあえて涙を流す「涙活《るいかつ》」というブームもありました。心が揺さぶられることを求めて、自分から感動を〝獲得〟しにいっているわけです。

そのお気持ち、もちろんぼくにも分かります。たまりにたまったストレスを、みずから得た感動で浄化させるのは素敵なことです。

でも、人為的に作られたものよりももっともっと、心を震わせるものがあります。

それは何かというと、現実の世界で、できるだけ自然な形で、偶然出会う「感動」。

くわしく言うと……。いつ現れるか、いつ消えるか分からないもの。自分から求めても得られない質のもの。「たまたま出会えたね」という一回性の強いもの。代表例として、自然現象のオーロラをイメージしてみてください。フィンランド、カナダ、アラスカなどで観賞できる大気の発光現象です。オーロラほど気まぐれで、添乗員泣かせのものはありません。なにせ「オーロラツアー」をうたう数日間のツアーで、一度も見られないことも珍しくないんですから。

オーロラは雪が降っても、曇りでも見えません。たとえ晴天だったとしても、月明りが強いと見えません。でも、条件がそろうと、空で竜がスゥーッと動き、そして渦を巻く！　というような姿が鮮明に見えます。自分の準備やがんばりなんて、ほとんど関係あらへん。すべては、運。だから「神様みたいな存在が見せてくださっている」とすら思えてくるんです。

実際のところ、ぼくはありがたいことに、添乗員として約五回、オーロラを見ることができました。そこで何人もの「お客様がオーロラを見て感動する場面」にも、立ち会わせてもらいました。

初めてオーロラを見た方の多くは、喜びの涙を流されます。60代男性のKさんは、次のような感想をくれました。

「私たちって、生きているんじゃなくて、生かされているんですね。感謝ですね」

ぼくは、その通りやと思いました。

こんなすごいオーロラを見られたという事実。それは視点を変えると、「与えてもらっている」ようなものです。

もっと言えば、「自分は生きている」んじゃなくて、「命を与えてもらって、生かしてもらっている」。そう気づくと、感謝の気持ちでいっぱいになり、小さなことで悩んでいるのがバカらしく思えてきます。

そしてみなさん、**オーロラを見られたことだけでなく、ここで生きていることに感謝をされるん**です。ここが、自然現象のすごいところです。そこに居合わせたことで、生きていることに感謝をする気持ちにさせてくれるのですから。

これこそが旅の醍醐味《だいごみ》。**今ここにいることに感謝する。そして、また来られるように健康でいようと思う。そういう効能が、旅にはある**と思います。

自分を楽しませるコツ 6

次の約束をする

前に「旅の予定があると、日々がいっそう充実する」とお話ししました（28ページ）。旅の準備をしたり、下調べをしたり、ほどよい緊張感があるせいか、風邪すらひかない。つまり旅の予定が〝毎日を光らせる太陽〟になってくれるわけです。

そんな例って、ほかには見当たりませんよね。しいて挙げるなら、家族やペットの存在でしょうか。「孫のランドセル姿を見るまでは長生きしたい」とか「うちの犬のためにも、ずっと元気でいたい」などの〝決意表明〟をよく耳にします。

そんな考え方は素敵です。でもやっぱり、**もっとあなた自身が人生の主役になってもいい**と思うのです。また「自分以外の誰か」が心の支えだと、なにかの事情で会えなくなったときに大変（あのコロナ禍を思い出してください）！　だから〝心の杖〟

を選ぶなら、自分の心や体一つで楽しめる、旅をするのがおすすめなんです。

「旅に行く」と思うだけで日々を楽しく過ごせます。未来志向になれるから、いつもイキイキ、老けこまない。つらいことだってダメージが半分になります。

90代女性のNさんの話をさせてください。Nさんは、近年持病の腰痛が悪化。いろんな治療を試したものの「手術をしないと歩けなくなる」と診断されたそうです。高齢になって、体にメスを入れるのは勇気がいるもの。でも「旅に行けなくなりますよ」という主治医のひとことで、Nさんは手術を受け入れます。その後無事に退院して、今もツアーに参加してくださっています。

ほかにも旅からアンチエイジング効果を得ていらっしゃるお客様は、山ほどいます。なぜそう思うのかというと、旅の別れ際の挨拶に、長生き効果がありそうだから。「お疲れさま」でも「さようなら」でも「元気でね」でもなく……。**「また次の旅で会おうね」とみなさんで声をかけあっている**んです。

このように旅とは心の杖であると同時に、副作用のない若返り薬でもあるんです。

自分を楽しませるコツ 7

カレンダーに魔法の二重丸をつける

前に「旅の予定の◎（二重丸）をカレンダーに書き込んでほしい」とお願いしました。そうすることで、出発日までワクワクしつづけられるからです（30ページ）。

実はこれ、一回やると、また次もしたくなるんです。つまり、カレンダーの◎って目先のニンジンみたいなもの。「あれ、次のワクワクはこれだ！」という予定があることが、人生を輝かせてくれるのです。

お客様の中で、そんな心理を熟知されている方がいらっしゃいます。

これはそのお客様から聞いた言葉ですが、**「今年は北海道、来年は沖縄、いつかヨーロッパに……」などと計画を立てていると、体調を崩したり、悩んだりする暇がなくなる**というのです。

そして、旅に行くスパイラルに入ると、楽しんで生き尽くすスパイラルにも突入していける。これこそが最強の健康法だと思うのです。

こんなことがありました。

「末期がんで余命半年」と宣告されたMさんが、娘さんと一緒に〝生き尽くすスパイラル〟に入ってくださったことがあります。あるツアーの最終日。「冬にカニのツアーをやるから来てくださいね」とお声がけしたら、Mさんはこう答えてくれました。

「そこまで生きる！　予約を入れておいてください」

ぼくは、涙が止まらなくなりました。Mさんになんと返したらええのんか、お恥ずかしい話、分かりませんでした。でも旅の予定が人の心を支えてくれるんやという事実は、すごくよく分かったんです。そしてぼくも、それまで生き尽くそうと思いました。「いつまで生きるか」は、誰にも分かりません。でも、**「楽しく生きる」と自分で決めることはできます。**カレンダーに二重丸を入れて、そこまで楽しく過ごすと決める。それだけでも、人生が輝きだすと思いませんか。

第2章

こんなおいしいもの食べたことない!?

日本の食べるべき美味ベスト30

旅の醍醐味のひとつは、なんといっても、そこでしか食べられないおいしいものをいただくこと。ぼくはこれを「旅に出て、味を迎えにいく」といっています。待っていても、おいしいものが自動的に口に入ってくることはありません。そして、本当においしいものは鮮度が大切です。新鮮で採れたてが最高。だから、おいしさを迎えにいくのです。それが、旅です。

ここでは、ぼくの「ここでしか食べられない、絶対食べてほしいもの」を紹介します。これはぼくの遺言です! これ全部、食わずして死ねますかいな!

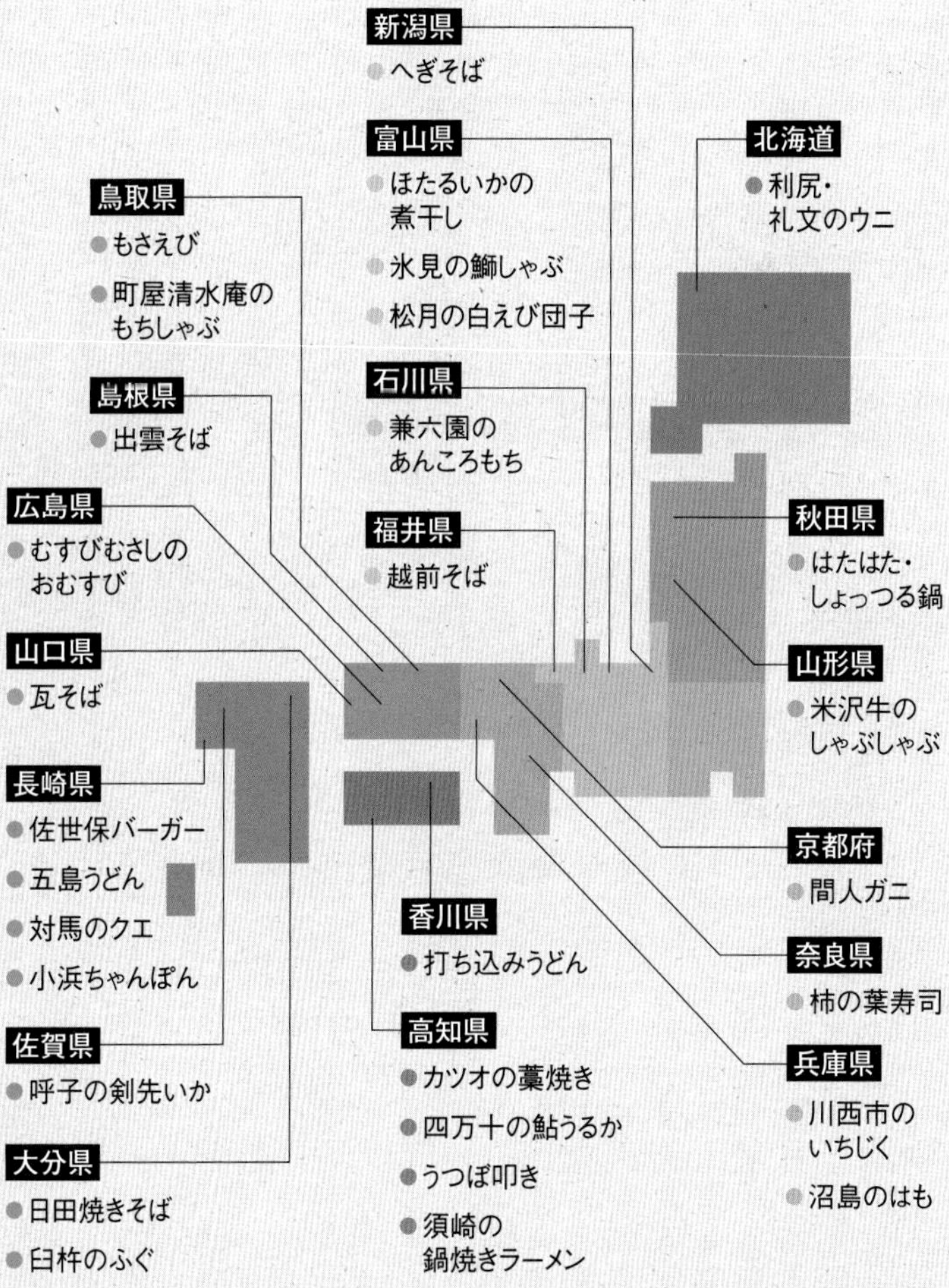

新潟県
へぎそば
富山県
ほたるいかの煮干し
氷見の鰤しゃぶ
松月の白えび団子
石川県
兼六園のあんころもち
福井県
越前そば
北海道
利尻・礼文のウニ
秋田県
はたはた・しょっつる鍋
山形県
米沢牛のしゃぶしゃぶ
京都府
間人ガニ
奈良県
柿の葉寿司
兵庫県
川西市のいちじく
沼島のはも
鳥取県
もさえび
町屋清水庵のもちしゃぶ
島根県
出雲そば
広島県
むすびむさしのおむすび
山口県
瓦そば
長崎県
佐世保バーガー
五島うどん
対馬のクエ
小浜ちゃんぽん
佐賀県
呼子の剣先いか
大分県
日田焼きそば
臼杵のふぐ
香川県
打ち込みうどん
高知県
カツオの藁焼き
四万十の鮎うるか
うつぼ叩き
須崎の鍋焼きラーメン

はたはた・しょっつる鍋

ごぼうと豆腐を入れて、
脂がとろとろのはたはたを
ぐつぐつ煮込む。
見た目よりも
とても贅沢な味がする
「味の世界遺産」や！

富山県

氷《ひ》見《み》の鰤《ぶり》しゃぶ

「氷見の鰤しゃぶ祭り」って
知ってますか？
世の中には、
なんとすばらしい祭りがあることか、
と思いましたね。
とろける甘みが罰当たりやなぁ～。

京都府

間人《たいざ》ガニ

たった4、5艘《そう》の小舟だけでしか獲れない、
幻のカニです。
ころっと取れる身は新鮮な証《あかし》。
緑のタグが目印ですよ〜。
カニの違いを分からせるカニの王様！

山口県

熱々に焼けた瓦に茶そばを載せて
その上に具材を載せて食べる。
とにかく珍しいそば、
うまい！
焼いているから、下は香ばしく
中はふんわり！

瓦そば

もさえび

これぞ隠されたグルメ。

みんな地元で食べてしまうから、

ほかの人の口に入らないんですよ。

甘エビが裸足で逃げ出すうまさです。

塩焼きがええで。

香川県

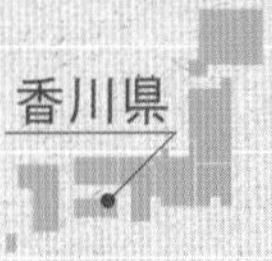

打ち込みうどん

うどんと野菜を入れ、
白味噌で味わう郷土料理。
腹持ちがよく、本当においしい！
四国霊場八十八番大窪寺前
八十八庵の打ち込みうどん、
最高でしたよ〜。

佐賀県

呼子《よぶこ》の剣先いか

おいしいいかを食べるなら、
料理人さんの美しい手捌きも
セットで味わうのがおすすめ！
いかシュウマイや塩辛もおすすめ。
いか好きのぼくが、
日本一のいか刺し認定！

第3章

旅に出ると、なぜいいことがたくさん起こるのか？

「心のストレッチ」をしている人が手に入れる3つのもの

第1章では、思い出を増やすことをおすすめする理由についてお伝えしてきました。

ここから、お話のテーマをグレードアップさせてもらいます。

もちろん、ぼくが常に感じていることですから、むずかしい話やありません。それは、思い出を増やしやすくする心のストレッチ法についてです。

実は、44年、**多くの旅のお供をさせていただくうちに、「運が良くなる」「人が寄ってくる」「綺麗になる」力が、どんどん増えていく人が多いということに気づいた**のです。

たとえば、5日間の旅行なら、1日目よりも、5日目。

また、ぼくの添乗する旅行にはリピーターの方が多いのですが、いらっしゃるごとに、**目を見張るほどに、「運が良くなる」「人が寄ってくる」「綺麗になる」力をどんどん高めていかれる人がとても多い**のです。

なぜかと思い、よくよく見てみると、実は、みんな共通している行動があるのです。ぼくはこの行動を**「心のストレッチ」**とよんでいます。心のストレッチをしている人は、「運が良くなる」「人が寄ってくる」「綺麗になる」。だから、良いことをたくさん引き寄せ、同じ1日がどんどんすばらしい1日に変わっていきます。

なぜ、旅に来る人には、心のストレッチができる人が多いのでしょうか。そして**なぜ、旅に来るごとに、心のストレッチがうまくなるのでしょうか。**

それは実は、旅に出ると、「心のストレッチ」が勝手にできてしまう。つまり旅に出ることは「心のストレッチジムに行く」のと同じであるからだと思うのです。だから、1日目よりも、5日目に、みなさん「運が良くなる」「人が寄ってくる」「綺麗になる」のです。

この章では、ぼくの思う「心のストレッチ法」、旅に出ることで手に入る「運が良くなる」「人が寄ってくる」「綺麗になる」の増やし方についてお話ししてみます。

心のストレッチ 1

綺麗なタネを蒔《ま》こうとする

まず一番初めにお伝えしたい「心のストレッチ」は、**「綺麗なタネを蒔く」**ことです。

綺麗なタネとは、ちょっとした善行や利他的な振る舞いのこととととらえてください。たとえばゴミを拾うとか、席をゆずるとか、誰かのお役に立てるようなちょっとしたことです。

綺麗なタネを蒔いたあとは、自分の心がスッキリします。それに「ありがとう」という反応をもらえたら、いっそううれしくなるものです。「次もいいことをしよう」と素直に思えるし、そうなると「徳を積むスパイラル」に入っていけます。要は、人に喜んでもらうことが自分の喜びになっていくわけです。

でも反対に、綺麗なタネを蒔かなくなると、まわりから感謝されることなんてなくなるし、人間関係が薄くなっていくから、自分の心が弾むようなことも激減します。やがては孤独を感じたり、すさんだりします。だから何歳になっても綺麗なタネを蒔きつづける姿勢は大事なんです。

じゃあ**どうすれば、そんな綺麗なタネを蒔けるのかというと「どうすれば目の前の人に喜んでもらえるか」を考え、行動しつづけること。**想像力をちょっと働かせてみればいいんです。たとえば「この人は道に迷っているんじゃないか？」「私の経験がお役に立てるんじゃないか？」など、頭に浮かんでくることはきっとあるはず。それを億劫がらず、恥ずかしがらずに実行するだけです。

とはいえ「それもむずかしい」という人も多いでしょう。そこでおすすめしたいのが、またもや旅なんです。

一つ、言わせてください。「旅がいい、旅に出ると良いことがある、旅で人生が良くなるって何回も言ってくるけど、それってあなたの仕事が旅の添乗員だからじゃないの？　遠回しに、商売しようとしてるんじゃない？」と思われている方がいらっしゃるかもしれません。でも、そんなんじゃないんです。ぼくは44年添乗員の仕事をして、何万人ものお客様と本気で向き合ってきたからこそ、分かるんです。**旅に出ている人と、出ていない人の、目の輝きが違うんです。来た時と、帰る時の、笑顔の度合いが違うんです。**

何度も旅に来てくださる人の、たった数年前の写真を見ると、まるで別人のようにピカピカされているのが分かるんです。だからこそ、本気でお伝えしているんです。

話を、綺麗なタネに戻しますね。不思議なことに、旅先だと綺麗なタネを蒔きやすい。脳がリフレッシュされているからでしょうか、「いつもとちょっと違う行動」をとりやすくなっているんです。脳も刺激を求めているんでしょうね。

だから、綺麗なタネを蒔くには、旅に出るのが一番！　**おうちでいつもどおりの日常を送っている「いつものわたし」のままでは、綺麗なタネが蒔きづらいのは当たり前のことなんです。**

くり返しますが、タネを蒔いた報酬とは、誰かから「ありがとう」がもらえること。

その結果、あなたの心がより明るく、幸せな気持ちに満たされること。そしてあなたの心がより正しい方向に広がっていくことです。

おうちでテレビに向き合い、誰とも感情のやりとりをせずに過ごしていたら、こんな報酬はなかなか得られません。

ふだんは聞けないような誰かの話を聞くことで、今すぐ蒔くわけじゃないタネが自分の中に生まれることもあります。でも未来に思いをつなげたり、託したりできるから前向きになれるし、ワクワクできる。そして、そのためておいたタネを蒔いたとたんに毎日が「いつもと同じ」ではなくなるんです。

旅先では、新しい人に、知らない話を聞かせていただくことが多いもの。または、旅館の人や、すれ違った人から優しくされて、感動することも多いものです。そこで、「それなら自分もやってみようかな」「こんなことなら私もできるかも」と思うきっかけがあるかもしれません。ですから、**旅先では綺麗なタネのストックも増やしやすい**のです。

旅先の「わたし」に、綺麗なタネをどんどん集めてもらいましょう。

心のストレッチ 2

喜びの伝書鳩になる

仲間や身内とおしゃべりをするとき。どんな話題を選ぶかは、大事ですよね。グチや文句や批判、誰かを傷つけるような陰口よりも、できれば明るい話で盛り上がりたいものです。とはいえ「提供できる話のネタが見当たらない」「手持ちのネタはしゃべり尽くした」、そんな方も多いのではないでしょうか。

安心してください、日常の安全圏の中で過ごしているのなら、それが普通です。あなた自身が「話のつまらない人」「おもしろくない人」というわけじゃありません。でも、旅に出たら、話し尽くせない量のネタを、一気に仕入れられますから、数年分の話のネタに困らなくなります。

おいしかった料理、初めて見た景色、現地の人たちとの心弾むやりとり。恥ずかしい失敗やカン違い、驚くような出来事。「聞いて、聞いて！」と何時間でも話しつづけられるくらい、みやげ話を持ち帰れますよ。

そんな珍しい話を聞いたら、「私も、それを食べたい」「私も、それを見たい」と場が一気に盛り上がり、興奮と笑顔の輪が広がっていきます。あなたと同じような旅の計画を立てる人だって出てくるでしょう。つまり、あなたの喜びが伝播したおかげで、お仲間の人生まで豊かになる可能性があります。

ということは、**旅を終えたあなたは、喜びの伝書鳩**というわけです。

人は誰も、日常を軸にして生きているもの。そこから旅という非日常に飛び出して、どうだったという情報があれば、聞かせてほしくなるものです。

誰かに喜ばせてもらうのを待つ人より、失敗をおそれずに相手を喜ばせようとする人こそが、神様に愛される。だったら、まずはうれしかったこと、楽しかったことを話すことから始めてみたらええと思います。

心のストレッチ 3

いつでも、目を8時20分の状態にする

神様に愛されるためには、喜びの伝書鳩になったらよろしいねん、というお話をさせてもらいました（70ページ）。とはいえ「そこまで仲の良くない相手には、むずかしいわ」という声も聞こえてきそうです。そこで、もうひとつええ方法をお伝えしておきますね。初対面の人と会うときや、好感度を上げたいとき、心の距離を縮めたいときに一発で効くので、よう覚えておいてください。

それは、あなたの**目を8時20分の状態にする**ことです。いったいどういうことか分かりますか？

アナログの文字盤の時計をちょっと思い出してみてください。8時20分の位置に長

針と短針があれば、たいていの人は上機嫌。喜んでいたり楽しんでいたり、笑っていたりするように見えます。

一方、10時10分とはどんな状態でしょうか？　簡単ですね。怒っているときです。その真ん中の9時15分の状態は、無表情、無感動なとき。仕事中や、何かに集中しているときになりがちです。

ほとんどの人の目は「9時15分」と「8時20分」のあいだを行ったり来たりしています。よく観察してみてください。時間の長さを比率で表してみると、無表情の「9時15分の目」が9割以上、喜んでいる「8時20分の目」は、1割以下かな。

ぼくの添乗員としての使命は、ツアーのお客様の目を常に8時20分の位置にしてもらうこと。それを目標にして駆けずり回っていたら、ほとんどのお客様の満足度はアップします。

この目の角度の目安は、マスク着用が当たり前だった時期、目だけから表情を推察するしかなかった、あの苦しい時期に学びました。「マスクの下は笑顔です」という宣伝文句もありましたが、実際はなんとも分からないでしょ。

だから、目の位置で判断をしたらええんやと気づいたのです。

裏を返せば、**あなたが自分の目を8時20分にしたら、人が寄ってくる**ことになります。「あの人、なんだか優しそう」と周囲が勝手に思いこんでくれて、大事にしてくれます。この原則は旅先でもおすすめですよ。あっという間にお仲間ができること、うけあいです。ですから最初は鏡を見ながらでもいいので、8時20分を目指してみてください。

ひとりで過ごすときも、この目安はおすすめです。おだやかな気持ちになって、リラックスできます。たとえとげとげしい気持ちがあったとしても、抜けていきます。

もちろん、毎日生きていたら、いろんなことが起こります。体調が悪い時期もあるでしょうし、お悩みを抱えていたりすることもあるでしょう。ご家族とけんかをすることだって珍しくないですよね。そんな直後にも8時20分の目を保つなんて、至難のワザかもしれません。

でもね、**顔の表情を笑顔にすることで、「今は楽しいときなんや」と脳が誤解してくれて、心が明るくなることもあるんです**。これはお医者さんがテレビで言うてはった話。むしろしんどいときとか、苦しいときに笑うことで、心に好影響が及ぶんだそうです。だから、つらいときほど積極的にこの目安を意識したほうがおトクだと言えるんです。

そんなふうに、自分の心を整えたり、印象をうまくコントロールできるあなたは、たとえおひとりさまで旅に行っても、たくさんのすばらしいお仲間にあっという間に恵まれることでしょう。

もちろん、ふだんの生活をしていても「いつもと同じ毎日」から脱却できますよ。かっこつけて言わせてもらうと、**目は心の温度計**。なんかあったら、体温をすぐに測るでしょ。あれとまったく一緒の話で、自分の目の角度は、こまめに気にかけてあげてください。「10時10分の目」で過ごしつづけていたら、大切な人の心も、あっという間に離れていきまっせ。

心のストレッチ 4

チャレンジする機会を作る

「せっかくなら」という魔法のフレーズで、旅をもっと楽しくできるとお伝えしました（42ページ）。**①せっかくなら、初対面の人（旅先で出会った人）にも積極的に話しかけてみる。②せっかくなら、食べたことがないもの（地元の食材や郷土料理）を味わってみる。③せっかくなら、着たことがないものを着てみる。**

これらのなかでも、ハードルが高いのは①「話しかけてみる」ではないでしょうか。なにしろ、相手があることですから、どんな反応が返ってくるか分かりません。ワクワクする反面、尻込みしてしまうというお気持ちも分かります。でも、そんなときこそ脳はフル回転し、心も大きく動くもの。「いつもと同じ毎日」から脱却し、あなた自身まで大きく変われるチャンスです。

人は、挑戦することをやめた瞬間から〝若さ〟というものを失っていくといいます。逆に言うと、挑戦しつづける限り、その人が老いることはありません。どんな結果が出るにせよ、挑戦したあとは誰でも、一歩、階段を上がれるもんなんです。

挑戦した結果、恥ずかしい思いをしたっていいじゃないですか。外を歩けなくなるわけじゃないでしょう。行動した分、経験値を増やせたんですから、長い目で見たら大成功です。

「せっかくなら」を実践するチャンスとして、まず最初に、**旅先で地元の人に話しかけるのはおすすめ**です。なんでかというと、地元の人だって話しかけてほしいものやから。その土地のよさを発信したいし、自分が分かることは教えてあげたいからです。だって、それが人情でしょう。

8時20分の笑顔で優しく「東京から初めて来たんですけど、この街のことが分からなくて」って声をかけられたら、「そんなに遠くから来てくれはったんか」とうれしくなるし、「お役に立ちたいな」とも思いますよ。それは、遺伝子に刻み込まれているレベルの「助けてあげたい」という本能、母性本能のようなものがざわめくからです。だから絶対、大丈夫。失敗なしです。

失敗しない鉄板の質問はね、「どこのお店がおいしいですか？」とたずねること。

もし選択肢を狭められるんやったら、そのほうが相手も答えやすくなります。たとえば、その街がラーメンの激戦区やったら「どこのラーメンがおすすめですか」と聞けばいい。ほかには「いいお蕎麦屋さん、ご存じないですか」とか「海鮮丼が一番おいしいのは、どこですか」なんてね。

相手がサービス精神旺盛な人で、たくさん教えてくれた場合。「そのお店の中で、あなたが一番大事な人と行くなら、どこに連れて行きますか？」と聞いてみて。とっておきのところを教えてもらえるはずですから。

実はぼくら旅のプロも、そんなリサーチ方法で活きた情報を集めています。たとえばツアー添乗ではないお仕事で、富山県に行ったとしましょう。飲食店の情報は常に上書きしたいですから、あえて道行く人に声をかけて教えてもらうんです。

もちろん丁寧に「すいませんお兄さん、ぼく大阪から来て土地勘ないんですけど、ここらへんでおすすめのお店、ありますか？」ってね。そしたら「鮨、氷見のうどん、ブラックラーメン、今やったら白エビも旬ですけど何がいいですか」なんて真剣に返してもらえます。もう「待ってました！」とばかりに答えてくれるんです。

そしたらこっちも「いい情報をもらえた」とうれしくなって「ここはええ人ばっかりや」と土地への好感度も爆上がり。それが「知らん人に話しかけるのも、ええなぁ」という感慨につながり、「人ってあったかいなぁ」「ふれあいってええなぁ」「これが生きるってことやなぁ」「人生って最高やなぁ」と感動のスパイラルに入りこんでいけるんです。

ね、お茶の間にずっと座っていたら、そんな体験でけへんでしょ。

知らない人に話しかけるのは日常の中ではむずかしいけど、旅先やったら自然にできる。難度が一気に下がってくれるんです。

ぼくはこんな旅の力を「**旅マジック**」と呼んでます。それを多くの人に伝道するのが、生きがいなんですわ。

心のストレッチ 5

人からも神様からも特別扱いされる3つの言葉

突然ですけど、心の底から感謝したくなること、最近ありましたか？　とびあがって喜んで、何度もお礼を言いたくなることってありましたか？

「そんな瞬間、なかったよ」という方は、大変です。心が枯れきってしまわないうちに、旅に出てくださいね。

それ以上に気をつけてほしいのが、次のような方です。

「うれしいことはあってんけどな、もう当たり前のことになってて、今さら感謝しようなんて思われへんよ」

長く生きていると、いろんなことに慣れてくるもの。「悪気はまったくないけど、すっかり忘れてた」ということがよく起こります。「感謝すること」なんて、その代表格じゃないでしょうか。

くわしく言うと**「おいしい」「ありがたい」「うれしい」。この言葉をたくさん使う人は、神様から特別扱いされるようになります。**ぼくは旅先で毎月何十人もの人に出会いますが、この言葉を使っている人には、運の良いことがたくさん起こっていることを目の当たりにしています。

「おいしい」「ありがたい」「うれしい」、こんな前向きな言葉をしょっちゅう口にする人がそばにいたら、まわりも気持ちがいいですよね。自分まで幸せな気分をおすそわけしてもらった気になるでしょ。もし同じ状況にいるときは「そうやなぁ」と素直に同意したくもなる。

たとえば喫茶店で、数人の仲間で同じようなケーキを食べるところを想像してください。運ばれてきたケーキをひとくち食べた直後の反応をくらべてみますよ。

［批評する人と、感謝する人］

①眉をひそめて「まぁまぁやね」と率直な感想を言う人。「スポンジが固すぎるんと

ちがう？」と批評家のような反応をする人。

②破顔一笑、「おいしい！」と喜ぶ人。「こんなお店に連れてきてくれてありがとう」と仲間に感謝をする人。

さて、あなたはどっちのタイプと仲良くしたいですか。

そりゃね、お仕事で飲食店を食べ歩いて、厳しく格付けするミシュランの審査員やったら、辛口になるのも分かりますよ。でも、ほとんどの人はそうじゃないはず。ましてや仲間とワイワイ、楽しくやろうという場でしょ。これは持論になりますけど**「おいしい」「ありがたい」「うれしい」というフレーズを出し惜しみすると、人が離れていく**気がするんですよね。もちろん神様の気持ちなんて、その人からとっくに離れてるでしょ。

人からも神様からも特別扱いされたかったら、感謝の言葉を大げさなくらい口にすること。実際、ぼくも実践しているルールです。添乗先の食事の場でも、常に言うてますよ。さしずめ「感謝の気持ちの発信地」といったところです。

だってね、おいしいものを食べているのに、それを意識できない人って意外と多いんです。そんな人たちには「これ、おいしいですよ」「今、おいしいものを食べてますよ」というご案内をしなきゃいけない。

たとえばおしゃべりに夢中になっていたり、まったくほかのことを考えていたり。なかには「おいしいものを食べさせてもらって当たり前」と思い込んでしまっていることもあるかもしれません。だから「うわー、これおいしい！」とくどいほどくり返す。目の前の人に何を言ったら喜んでくれるかな？ とまず考える。それがぼくのお役目やし、「生きてきた意味や」とさえ思うてるんです。

この言葉を口にしなくなったり、心の中で思わなくなったりしたら赤信号です。「ばちがあたる」とは言いませんが、神様からの覚えが悪くなり、次の幸せが訪れにくくなりますよ。

神様は、どんなときもあなたを見ていますからね。「なんで、お礼のひとつも言われへんねん」とご機嫌をどんどん損ねていきますから要注意です。

心のストレッチ 6

「生きてておめでとう」と乾杯する

「感謝をせえと言われてもねぇ」という方におすすめしたいのが、**「おめでとう」という言葉**です。大切な人と一緒にいるときに、この言葉をかけてあげてください。相手と一緒に、自分も感謝の気持ちを思い出すことができますから。

ポイントは「めでたいことなんて、ないけど?」というような場で、あえて言うこと。祝祭ムードとのギャップがあることで、「おめでとう」のインパクトがより強まります。そして「ありがとう」の種明かしをしてあげましょう。

「だって、みんなで無事に集まれた。それだけですごいし、ありがたいことやで」と。そして、盃を掲げて**「生きてておめでとう! 乾杯!」**と続けてください。

実はこれ、ぼくの添乗の定番技。旅先の宴会場は毎回これで盛り上がります。

「旅は最高の非日常ですよ。おめでたいですよ。だって、おさんどん（三度の食事の準備）から解放されたんですから。出てくるものをいただけばいいんです、食器もかたづけなくていいんです」

ふだんがんばっている人たちばかりですから、こう伝えると喜んでくださいます。「ご自身もそろそろお誕生日もおめでたい年代ではなくなってきますからね。おめでとうを言ったり、言われたりする機会なんて激減の一途でしょ。だからこそ、おめでとうって言いましょう」と言うと、誰もが笑ってくれます。そこから、「和」が始まります。優しい空気が流れるのです。

いろんなことから解放される〝めでたい非日常〟があるから、日常だってがんばれるし、楽しめる。そんな区切りを意識するためにも「おめでとう」が必要なんです。

さらに言うと、日常の中で、食事前に「今日も1日がんばれた自分、おめでとう」とひとりで乾杯できるようになったら、その人は相当な〝人生の達人〟ですわ。

「おめでとう」は魔法の言葉です。あなたの日常、「おめでとう」を口癖にして変えていきましょ。

第④章

添乗員44年で選び抜いた！

死んでも行くべき日本の絶景21

自分の住んでいる場所で、心のストレッチをしながら生きるのも素敵ですが、旅先は「がんばらなくても、心のストレッチができちゃう」場所。

ここでは、ぼくが44年の添乗員生活で絶対におすすめできると太鼓判を押す、目を開ければ絶景、空気を吸えばおいしい「目が8時20分になる場所」をお伝えします。

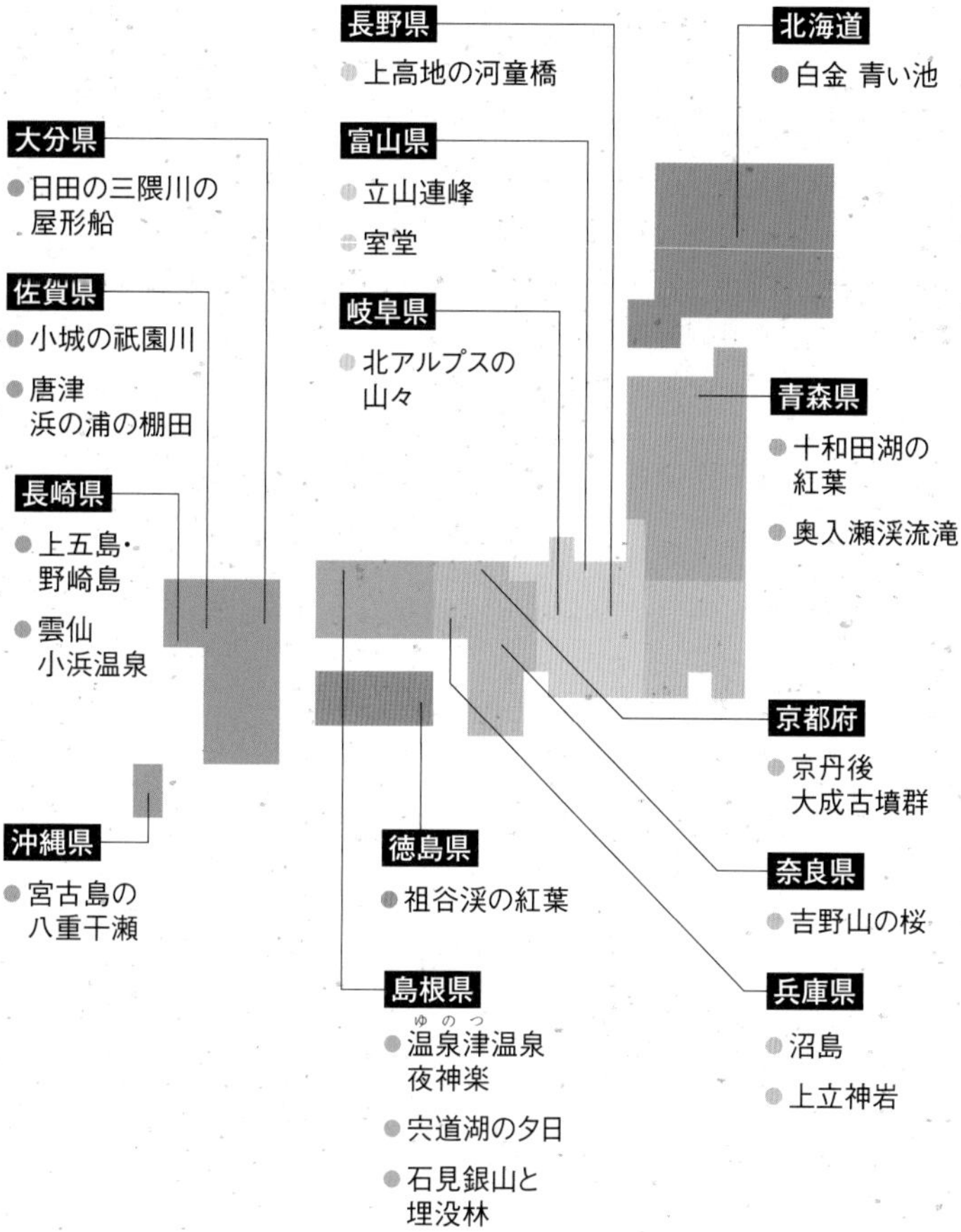
長野県
上高地の河童橋
富山県
立山連峰
室堂
岐阜県
北アルプスの山々
北海道
白金 青い池
青森県
十和田湖の紅葉
奥入瀬渓流滝
大分県
日田の三隈川の屋形船
佐賀県
小城の祇園川
唐津 浜の浦の棚田
長崎県
上五島・野崎島
雲仙 小浜温泉
沖縄県
宮古島の八重干瀬
徳島県
祖谷渓の紅葉
島根県
温泉津《ゆのつ》温泉 夜神楽
宍道湖の夕日
石見銀山と埋没林
京都府
京丹後 大成古墳群
奈良県
吉野山の桜
兵庫県
沼島
上立神岩

白金 青い池

旬

5月初旬〜
11月上旬

実物を前にしたとき、
あまりにも神秘的で震えがきました。
林を抜けると突然、
エメラルドグリーンの池が現れるんですから。
青にもいろんな色があると教えてくれる、
心に刻みこまれる絶景です。

青森県

十和田湖の紅葉

深い湖にせり出ている半島が
錦をまとうように鮮やかに色づく姿は、
秋にしか見られません。
水面ギリギリまで紅葉がおしよせ、
湖に映り込む姿は格別の美しさです。
遊覧船に乗ると、
その景観をダイレクトに感じられるので
おすすめです。

旬
紅葉なら
10月中〜下旬

青森県

奥入瀬渓流滝

紅葉や新緑もいいですが、
ぼくに言わせれば
真冬こそベストシーズン！
そこかしこの滝の氷柱が
車のライトに当たると、
えも言われぬ美しさです！
バス車内の灯りを消し、
光る氷の滝を見るのも
最高でした！

旬
真冬

長野県

上高地の河童橋

賑やかなのが苦手な人はぜひ夜明け前に。
朝焼けに生える穂高連峰の
荘厳な姿は絶景中の絶景。
野鳥が飛び交い、自然の音だけ。
どんな音楽にも負けない、
自分だけのコンサートホールです。

旬
5~9月

岐阜県

北アルプスの山々

ミシュラン・グリーンガイド・ジャポンに
二つ星で掲載されたこともある絶景。
体力に自信がなくても、ロープウェイが
山頂展望台まで運んでくれます。
展望台は標高2156メートルで、
360度見渡せますから、
山頂にいるような達成感を味わえます。
これを作った人間の力は
すごい！

旬

通年

室堂

目を見張るほどの星々が
頭上に迫り来る夜空。
見える星の数はおよそ
3000個にも及ぶそうです。
流れ星がいくつもよぎる満天の星の下、
富山の地酒「満寿泉」を飲むのも最高。
日頃の悩みも吹き飛ぶ
宇宙を感じる時間。

旬
4月中旬～11月

祖谷渓の紅葉

旬
紅葉なら
11月上〜中旬

岐阜県の白川郷、宮崎県の椎葉村と並んで、
日本三大秘境にも数えられています。
あまりにも深くて険しいV字形の渓谷美に、
思わず鳥肌が止まらなくなるほど。
こんな体験、ここに来なくちゃできませんよ！
地球という芸術家が生んだ最高傑作です！

吉野山の桜

紅葉もいいけど、やっぱり桜。

吉野山の桜は、山下から下千本、中千本、上千本、奥千本

と呼ばれ、順に開花していきます。

なかでも奥千本のあたりから、

金峯山寺蔵王堂などがある中心部を眺めるのがおすすめ。

薄いピンク色の山桜が一面に咲き誇って、

まるでピンク色の服を纏っているかのよう。

早朝に行くと、交通規制にかからないし、

空気が澄んでいるのでおすすめ。

年に一度の吉野山のファッションショーです。

旬

4月上～下旬

兵庫県

上立神岩

旬
通年

沼島には貴重な奇岩、岩礁が
あちこちにあって、
日本とは思えないほど
雄大な自然美に驚かされます。
漁船で奇岩を巡る
「沼島おのころクルーズ」も
おすすめ。
「国生みの島」を実感できます。

上五島・野崎島

旬
6〜9月

野首教会からの絶景。山の上から眺めると
朝日に映える教会たちや美しい島影、
あぁ隠れキリシタンの歴史に
思わず涙が
こぼれます。
地元の人たちの
強い信仰心が
心に迫ってきました。

宍道湖の夕日

日本の夕日、私的ナンバーワン。
太陽が沈む30分前、
嫁ヶ島とともに見える景色が
最高だと思います。
茜色のファンタジーは
まさにドラマの一場面のようです。

旬
9~10月

佐賀県

小城の祇園川

数十万匹ものゲンジボタルが
澄んだ川を乱舞します。
光がついては消え、
見ているぼくらの方や手のひらに
飛んでくる様は本当に幻想的。
遊歩道も整備されていて
歩きやすいのもおすすめポイントです。
自然遺産と言ってもいい！
小城の人々が守りつづけている姿に
感謝しました。

旬
5月下旬～6月上旬の
20時～20時30分
ごろ

宮古島の八重干瀬

大潮干潮の時だけ姿を現す幻の大陸。
青い海と白い砂、色とりどりの珊瑚と熱帯魚…
竜宮城はここにあったんです。
オーストラリアの
グレートバリアリーフから来たダイバーが、
「宮古島の海は世界でNo.1」と
言っていました。

旬
6~8月

第5章

思い出がどんどん増える格別旅のコツ

格別旅をするコツ 1

「まずは一泊」の偉大な力

ここまで読んでいただいてありがとうございます。第5章では、思い出がどんどん増える「格別旅」に出る時の具体的なコツのお話をしていきます。「まだ、あまり外に出たことがない」という方も大丈夫。そして、旅慣れた方であっても、さらなる格別旅を楽しむためのコツをお伝えしていきますね。

まずおすすめしたいのは、国内ならば、行きたい場所では、まず一泊二日の旅行をすることです。

最初は「6日間現地滞在!」なんて考えてはいけません。「ずっと元気で過ごせるかしら」とか「植木の水やり、息子に頼んでいかなあかんわ」とか。楽しく過ごすはずの準備期間に、心配事ばっかりの心になってしまったら、本末転倒! だから心身を慣らす予行演習のつもりで、一泊旅行を何回か重ねればいいんです。

人の脳には「慣れる」という性質がありますからね。「旅ってこんなもの」と学習すれば、ひとりでに「もっと長く泊まりたい」と思えるようになります。

推奨したいのは、**同じ土地に一泊旅行と長期滞在、二段構えで旅の計画を立てること**。それも山奥の秘境や絶海の孤島ではなく、比較的有名な観光地（交通網やインフラの整った、暮らしやすい都市部）を選ぶことです。

たとえば、北海道の釧路。地名を聞くだけで心が躍る、そんな憧れ感のある土地を選んでみましょう。

まずネットでちょっと調べてみてください。次のようなことまで、おうちにいながらにして調べがつきます。

「釧路空港に降り立ったあと、JR釧路駅まで移動するとホテルがいっぱい。私の好きなプリンスホテルもある。駅から徒歩5分の**和商市場**でおいしい海鮮丼が食べられるみたい。**道立の釧路芸術館**、**市立の美術館**、**博物館**もあるから、月曜日に行くのは避けよう。北大通を通って**幣舞橋**《ぬさまいばし》まで散策するのもロマンチックやね。バスを使えば

釧路湿原には40分、**阿寒湖**には1時間55分で行ける」

身近な人がくれた情報があれば、それも活かしたいもの。

「Cさんがよく話してる**北海道で有名なコンビニ、セイコーマート**にも行こう！」

またレンタカーを使う場合は、観光の選択肢はさらに広がります。

「**マリモの阿寒湖、霧の摩周湖**、まわりに露天風呂が多くある**屈斜路湖**。人気の道東3つの湖は、車だと2時間ちょっとで巡れるらしい」

そこで、まず一泊旅行で釧路に行ってみるんです。一泊ですから、張り切りすぎないこと。スケジュールをゆったりめに組んでみましょう。

たとえば、①和商市場の海鮮丼　②釧路市立美術館　③幣舞橋（北大通経由）だけでも、十分豪華な1日観光コースになります。

あとでもお話ししますが、**旅は、1日に3ヶ所巡れたら大成功**と考えてください。

ぼくらのような大人世代にとっては、「もう1ヶ所くらい回れんねんけど」というところで、その日は止《とど》めておくのが理想的です。なんでかというと、移動って思う以上に体力、気力を使うものやから。帰ってから足が痛いとか、筋肉痛やとか問題が起こったら困るからです。

「よっしゃ、今日はこれぐらいにしといたるわ」という吉本新喜劇・池乃めだかさんの有名なギャグがありますが、あれと同じです。控えめにしておくほうが次の長期滞在の旅への気持ちも高まります。

「無理してでも阿寒湖に行きたかったわ」「『私もセイコーマート行ってきたで』って、Cさんに早く言いたくてたまらない」

そんな渇望が、大事なんです。目の前にニンジンをぶら下げられたようなもんです。「さっさと雑用片づけて、はよ次の飛行機のチケットとろう!」って思えるでしょ。

そしたら、釧路滞在六日間を考えてみましょう。どのくらい疲れたか、タクシーがよかったたか、レンタカーが良かったたか、どんな服を持っていけばよかったたか、靴はどんなものがよかったたか、一度目のチャレンジの結果を踏まえて旅程を組んでみてください。一度経験しているから、グッとハードルが下がるのです。

格別旅をするコツ 2

旅先でやってはいけない3つのこと

「年齢なんてただの数字、いくつになっても冒険できる」「年齢を重ねると、体力面で失われるものはあるかもしれないが、得られた知恵でカバーできる」

そんな発言で話題になった2人のアメリカ人女性をご存じでしょうか。医師のサンディ・ヘイゼリップさんと、大親友の写真家、エリー・ハンビーさんです。二人は81歳になってから世界一周の旅に出て、18の国と地域の旅に成功しています。また航空券や宿の手配は自力で行い、1日の宿泊費は平均33ドル（約4500円）に抑えたのだとか。「年齢なんてただの数字」という発言にも説得力があります。

そのお二人にならうわけではありませんが、「人生80年」から、「人生100年」に変わってから、いや、その前からも「70、80がなんぼのもんや、人生これから始まるんですよ」と、自分よりも年配の人生の先輩方を、旅にご案内してきました。なにせ70代から80代にかけては、旅の黄金期ですからね。

もちろん、黄金期とはいえ気をつけていただきたい大原則はいくつかあります。ここでは、それをまとめてお伝えしておきますね。

1つめは、**旅先だからといって、いつもの生活ペースを乱さないこと**です。年齢を重ねると、起床時刻も就寝時刻も自然に早くなるものでしょ。日の出とともに目覚めて、日の入りとともに眠くなる。野生の鳥のようなリズムに近づいていくわけです。それはいいことですから、旅先でも、「せっかくだから」と夜更かししたりせず、そのペースは維持してほしいんです。

具体的にどうすればいいのかというと、**旅の初日の出発時刻を早めに設定して、チェックインを可能な限り早くする**こと。たいていの宿泊施設は15時から入れます。宿に入れば、あとは安心。温泉や食事を楽しんで、あまり夜更かししすぎず、ゆっくり休んでください。

2つめは、**体力を過信しないこと**です。自分の体力に応じた行動をしましょうね。

具体的に言うと**「歩きすぎない」「階段はなるべく避ける」**。これは、歩き慣れている人にも言えることですよ。通常、旅はいつもよりも歩くことが増えますから、セーブするくらいでちょうどいいんです。

旅先は気も張ります。それに「あれも見たい」「これも見たい」と思うものですから、歩数も増えがち。心身に負担がかかりやすいんです。とくに、**旅の初日と最終日は移動が増えるので要注意**です。交通機関による移動って、体は動かさないけれども意外と疲れるんですよ。

3つめは、自分で行先を決める「個人旅行」についてとくにあてはまる原則ですが、**「人とずらす」**こと。シニアが旅先の観光地を満喫するには、「ずらし」のテクニックが役立ちます。

たとえば、**絶対に訪れたい本命のスポットがある場合。人気の宿や駅から近い宿などからずらします。本命スポットからもっとも近い宿をとるのです。出かける時間もずらします。どんな名所も10～11時台が一番混みやすいので、外しましょう。**

理想は、起床後、朝食前に本命スポットを訪れること。そして宿に帰ってから朝食をとり、それから別の観光に出かけることです。

「そんなに早くからやっている観光地なんてないでしょ」と思われるかもしれません。たしかにそうです。でも**お寺や神社は朝が早い**んです。神社は門がないので、早朝何時からでも参拝できます。お寺の場合、夏場なら朝5時から開いているところもあります。空気も澄んでいて最高の拝観時間が過ごせますし、心まで清らかになります。

さらに言うと**「盛りの時期」や「観光シーズンそのもの」から、ずらして旅の計画を立てる**のも賢い手です。たとえば紅葉の名所には、紅葉真っ盛りの時期ではなく、夏の青葉の時期に行くんです。盛りの紅葉を見たいというお気持ちは分かりますが、そんな時期は宿もとりにくいし、人も多い。どこに行っても大行列、大渋滞ですからすぐに疲れ果ててしまいます。

分かりやすい例が京都でしょう。**花も緑も紅葉もない冬の時期、12月後半~2月は観光客が若干《じゃっかん》減ります。その時期に、ふだん公開されないお寺や宝物にお目にかかれることもあるん**です！ 上級テクニックですが覚えておいてください。

格別旅をするコツ 3

旅先で伝えておくべき情報

旅先では予測しないトラブルが起こることもあります。急に体調を崩したり、疲れが出てしまったり、食べすぎて胃腸がおかしくなったり。そこで、ある「準備」をしておくかどうかで「普通旅」になるか、「格別旅」になるかの差が出ます。

まずお願いしたいのは、**参加時のあなたの体の情報を、ガイド（もしくは旅行会社、宿泊先など）に伝えておくこと**です。とくに大事なのは「◎◎の病気で発作が出るかもしれない」「車酔いしやすい」「呼吸器系の疾患がある」「生活習慣病でずっと薬を飲んでいる」など、見た目では分かりにくい情報です。

たとえば松葉杖をついていたり、包帯を巻かれていたり、明らかに大変そうと分かる方には、添乗員も配慮ができます。でも、ご自身しか分からない体質や持病については、なかなか配慮が行き届かないことがあります。

ぼくらは残念ながらお医者さんではありません。当たり前ですが、医療については素人です。たとえばお顔を見ただけで「あなた、もしかして発熱してるんと違いますか？」と気づけないこともあります。だから世間話の延長線上で、早い段階で情報をもらえるととても助かります。重い病気ではなくても、それらの情報を把握させてもらうことで、問題を未然に防げるし、お互い気持ちよく過ごせるはずです。

「そんなこと言うの、配慮してほしいって頼んでるみたいでなんだか気が引ける」と思われるかもしれません。でも、**一泊するだけの宿であっても、その情報をいただけるのは、事前に心配事を減らせることにつながるので、ありがたい話**なのです。

「何かがあるわけではないと思うのですが、念のためお伝えしておきます」などと前置きして話をすれば、嫌がられることはまずありません。

たとえば「実は1週間前にぎっくり腰になってしまって。あまり早く歩けないと思います」、「糖質を控えてます。糖尿病予備軍なもので。食事のときは白米を半分にしたいんです」などのご要望は、お客様の大事な〝事情〟です。けっしてわがままじゃ

ありません。それに、恥ずかしいことでもありませんから。

そんな報告とセットでやっておいてほしいのが、**宿泊先近くの医療機関を調べることです。**「大きな総合病院があるねんな」「小さな町やけど呼吸器内科がひとつあるわ」とか、あらかじめ分かっていると安心です。「病気になるつもり」「受診するつもり」で出かけることはありませんが、事前に調べておくとすぐ行けますから。

また万一の受診に備えて、**「健康保険証」「お薬手帳」**なども持っていってください。とはいえ、これらを落として紛失してしまったらおおごとです。鈴をつけた専用ポーチなどに入れておくのがおすすめです。


また、**海外旅行の場合は必ず保険に加入しておいてください。**掛け捨てタイプのものでも十分です。たとえば「フライト直前の空港で、あわてて加入した数千円の保険で、数百万円近い保険料が支払われた」なんてケースもざらにあります。国外の医療機関を自費で受診すると数十万円、数百万円になるのが常識ですからね。旅の保険はお守りです。

「私は持病がないから大丈夫」という人も油断は禁物。環境も気候も、ふだんとまったく違うところに行くわけですから、体調が変わることだってあります。それに健康でピンピンしている方でも、けがをすることがありますから。

たとえば海でウニを踏んでとげが抜けないとか、日焼けからのやけどとか。おどしたいわけではありませんが、お元気で活動的だからこそ、負傷することもあります。

最後に大事な話をしておきます。薬についてです。

毎日飲んでいる薬や病院で処方された薬がある方は、必ず多めに持参してくださいね。たとえば生活習慣病の薬や、目の病気の治療薬（点眼薬）など。これらの薬は通常、病院でしか処方してもらえませんからね。忘れたら大変ですよ。

一方、**健康な方の場合。国内旅行なら飲み慣れている風邪薬、胃腸薬、酔い止めなどを持参するとよいでしょう。海外旅行ならそれに加えて便秘止め、下痢止め、解熱剤、鎮痛剤、虫刺されの薬やかゆみ止めなどもあれば安心**です。

このように旅先での健康管理は「備えあれば憂いなし」。準備も楽しみましょ。

格別旅をするコツ 4

観光は1日3ヶ所まで

旅には、大きく2つのタイプがあります。団体旅行（旅行会社のツアーを利用する旅）と、個人旅行（自分ですべてを手配する旅）です。

「自分で宿を予約したり、飛行機や新幹線のチケットをとるなんてむずかしい」という場合は、団体旅行が便利でしょう。一方、「段取りは全部自分でやりたいし、現地では自分のペースで動きたい」という場合は、個人旅行をおすすめします。

ここでは、どちらのタイプにも共通するシニア旅の理想をお伝えしておきます。それは**「観光は1日3ヶ所まで」**という原則です。

どんなに旅が好きでも、どんなに時間があっても、どんなに体力があっても。がんばりモードで旅先の予定を立てると、計画倒れになることが多いんです。たとえば

「今日は早起きして5つの名所を回るつもりだったのに、どこも激混みで、2つしか回れなかった」とかね。すると、すごく残念な気持ちばかりが残ってしまって、「思い通りにいかないなんて、こりごりだ」と旅自体を嫌いになってしまったりしかねません。だから、自分で計画を立てる際は「3ヶ所まで」を目安にしてください。

「せっかくなんだから、たくさんの名所を回ったほうが効率がいい」と感じるかもしれません。お気持ちは分かります。でも、1ヶ所をじっくり見てください。年齢には勝てないんです。なぜなら、**地図やガイドブックは、現実とはちょっと違う**からです。

地図を見慣れている人でも、初めての土地だと分からないもの。地図上では近くに見えても交通の便が悪かったり、スムーズにいかないことは珍しくありません。

京都を例にお話ししてみましょう。地図だけを見ていると、清水寺、八坂神社、平安神宮などの有名スポットが一直線に並んでいて「半日あったら回れそう」などと思ってしまいがちです。でもね、それは大きな誤解。実際、半日では回れません。

最大の理由は、交通です。社寺を回るには、市バスに乗るのが便利ですが、観光シーズンの場合、道路は大渋滞するのが常。嘘みたいに聞こえるかもしれませんが、30

分経っても信号1つも前に進んでくれないことがあるんです。もちろんタクシーなんてつかまりませんよ。だから予定がどんどん後ろ倒しになるんです。シーズン中の京都の移動のコツは、タクシー・市バスは禁物。電車を利用、とくに南から北への移動は地下鉄が一番ベストです。

お寺の拝観にかかる所要時間だって、ガイドブックに書かれているより、断然長くなってしまいます。大きなお寺の場合は、宝物殿に入ったりお茶をいただいたりしたら、余計に時間がかさみます。

それに、やっとの思いで入った飲食店で、注文した品がなかなか出てこなかったり。はたまた、トイレが激混みだったり。想定していた以上の時間がかかって当たり前なんです。そもそも「トラベル」という英語の語源は「トラブル」なんだそうですよ。つまりトラベルにはトラブル（問題）がつきものなんです。

だから旅のスケジュールはゆったりと。「もう1ヶ所行きたいな」というくらいの数で止めておくのが、いいんです。「あのお寺は閉門16時。最終拝観の受付は15時40分までやで！」とあせりながら走るなんて、嫌でしょう？

旅行会社のツアーを選ぶときも同様です。シニア向けをうたった旅であれば、1日の予定を盛りだくさんにしていることはないはず。ですが、もしそうでない場合。あなただけが疲れたり、気を遣いすぎたりする危険性があります。

本来あってはいけないことなんですが、過密スケジュールに由来する問題は、業界内でときどき見聞きします。たとえば旅程表に「◎◎広場に朝9時に集合」と大きく書いていても、何度お伝えしていても、時刻を守れない人は必ずいらっしゃいます。すると、急ぎ足で観光せざるを得なくなることもあります。「予定がハードで、朝も起きられないほど疲れた」というのが、よくある理由です。

自由行動のあとの集合時間も、トラブルになりやすい。「美術館特製グッズがほしくて、レジ前が大行列だったけど並んで遅刻しました。ごめんなさい」とかね。強行軍で、1ヶ所あたりにかける時間が短いと、そうなりがち。だから「ちょっとスカスカ」に見えるくらいのスケジュールが理想的なんです。

また旅先ではトイレや水分補給も重要です。**休憩は90分に1度は組み入れないとあきませんよ。**そうなると「1日3ヶ所まで」に自然と落ち着くんですわ。

格別旅をするコツ 5

バスの中での過ごし方が、翌日の体調の明暗を分ける

大人世代の旅は、ゆっくり、ゆったりが大原則です。

ためしに、いろんな旅行会社の「シニア向け」をうたった旅（ツアー）のパンフレットを見てください。荷造りの時間を減らすために宿は1ヶ所に連泊するのが通常ですし、ゆとりを持った行程で、長い距離を歩かなくてもすむようになっています。たとえば「宿での滞在時間が◎時間以上」「メイン観光地の見学時間は通常コースの1・5倍以上」「1日の平均歩行時間は2時間以内」など、最大限の配慮がなされています。

バスについても同様です。ひと昔前は「バスツアー」というと大人数で定番の観光地を巡る格安旅行、というイメージが強かったかもしれませんが、近年はどこの旅行

会社も意識が高まっています。クルーズ旅行や豪華列車の旅と同じように、バス移動中の快適さを売りものにする旅も増えているんですよ。

快適さのバロメーターのひとつが、1台あたりの乗客数です。「バス1台につき、お客様は最大◎名様まで」と明記されている旅もあります。「バスに乗る人数が少ないと、何がよいのか」と不思議に思う方がいるかもしれません。乗客数が少ない場合、実は「**1人で2席利用**」であることが多いのです。

ちょっと想像してもらうと納得いただけると思いますが、これは非常に快適です。手荷物をひざの上に載せなくていいし、隣席に気兼ねなく肘置きを使うこともできます。圧迫感だって減りますよね。

旅行代金は少し割高になりがちですが「1人で2席利用」にはそれなりの価値があるのです。ツアー旅行を選ぶ際には注目してください。

バスの「席順」も道中の快適さを大きく左右します。とくに、「前方か後方か」が問題です。ご年配だったり足腰に自信がない方は「前の座席にしてもらえないか」と、申し込み時に旅行会社に相談してみましょう。

後ろの席になると、歩く距離がどうしても増えてしまうからです。ほんのわずかな距離だと思うかもしれませんが、目一杯歩いた後に、段差を登って、そしてまた奥まで狭い通路を歩くというのは、なかなか体に応えるものなのです。

実際、ぼくは添乗員として、お客様のバスの座席を決めるときは悩みます。誰でも「前のほうに座りたい」という心理はありますから。前方の景色もよく見えるし、添乗員の話も聞こえやすいでしょ。それに車酔いもしにくいですよね。

だからぼくは苦肉の策として、バスの座席は毎日変えるようにしています。バスを前方と後方に分け、日替わりで交互になるように座席表を作るのです。

とはいえもちろん、年齢や健康上の理由がある方は、毎日前方に座ってもらっています。

また、バスでのおしゃべりは、楽しいものです。近くに誰が座るかで、話の内容も変わりますよね。ですから、**お連れの方と、たまたま離れるような座席になったとしても、ラッキーととらえてください。**ご夫婦、親子、お友達。いろんな関係の方と参加されると思いますが、たまにはちょっと距離を置くのもいいことです。バスのなかには、新たな出会いがゴロゴロ転がっていますから。

そして、**もっとも大事なコツをお伝えしますね。それは、バスできちんと昼寝をすること**です。シニア向けを掲げる旅では14～16時は必ずといっていいほど「バス車中で昼寝」ができるようスケジュールが設定されています。

観光バスですから、飛行機のビジネスクラスのように熟睡できるほどの装備、仕様はないかもしれません。でも、ランチのあとですから「腹の皮が張れば目の皮がたるむ」で、入眠はしやすいはず。ここで、30分でも10分でもよいので、目を閉じて体を休めてください。深呼吸をして呼吸に意識を集中させると、眠りやすくなります。ベルトやきつめの下着など、体を締め付ける服装を避けておくことも大事です。

少しでも昼寝ができれば、それまでの疲れがある程度は取れますし、翌日に疲れを持ち越さずにすみます。

この「昼寝」の休息こそが、旅を快適に過ごす最大のポイントだということを忘れないでくださいよ。

格別旅をするコツ 6

旅の5大神器を持っていく

ぼくが考える「旅の5大神器」をご紹介します。あなたの旅の満足度を、間違いなく高めてくれますよ。旅は出かける前から始まりますからね。次の5つをまず用意してください。**❶老眼鏡、❷サングラス、❸300㎖のペットボトル飲料、❹レジ袋、❺小銭入れ**。詳しくご説明しましょう。

❶老眼鏡…「私はまだいらんねん」という方。失礼しました、スルーしてください。老眼鏡をふだん使っている方は、旅にも絶対に持っていってくださいね。パンフレットやお寺や神社の由来書きなど、小さい文字を読む機会はけっこう多いんです。行程表の時刻を読み間違えて、待ち合わせに遅れたりしたら大変ですからね。

❷**サングラス**…これはおしゃれのためではありません。紫外線から目を守るためです。意外に思われるかもしれませんが、強い紫外線を長時間浴びると、目に問題が起こることもあるんです。その証拠に登山や釣り、スポーツなどを楽しむ人たちは、専用のサングラスをかけているでしょ。もちろん冬場も要注意ですよ。

さらに言うと、色が濃いレンズなら紫外線をカットできるわけじゃありません。紫外線透過率が数字で表示されているサングラスをちゃんと用意してくださいね。

❸**300㎖のペットボトル飲料**…水分補給は大事です。糖分の高いジュースなどではなく、お茶か水を携帯してください。「飲み物なんて、コンビニや自販機でいつでも買えるでしょ」とよく聞かれるのですが、自分が飲みたくなったときに限って買いに行けなかったりするものです。だからお守り代わりと思って、300㎖の小さいペットボトルを持ち歩きましょう。「あと20円出したら500㎖のボトルが買えるのに」なんて欲を出さんとってくださいね。500㎖になると一気に重くなってしまいます。

あとで疲れるだけですよ。だから300㎖が最適です。

❹レジ袋…小さいレジ袋が1～2枚あると重宝します。ゴミ箱が見当たらないとき、手荷物が増えたとき、お寺の本堂などで靴を脱ぐとき。レジ袋をパッと取り出して使ったらスマートでしょ（観光地によっては靴用の袋が用意されていないことも）。

脱いだ靴をレジ袋に入れたら、すぐリュックにしまいましょう。両手を使える状態にするだけでストレスを減らせるんです。手を大きく振ると歩きやすいし、派手に転びそうになっても手をパッとつくことができる。**転倒や怪我の予防につながる**んです。

❺小銭入れ…旅先では、高級ブランドの長財布よりも、コンパクトな小銭入れが活躍します。入園料、拝観料、小銭を出す機会が多いからです。またお賽銭《さいせん》用の小銭をあらかじめ用意しておくと、現地であわてずにすみまっせ。できればスマホ決済のペイペイなどを入れておくと、とても便利です。

では、これらをどのように持ち歩けばいいのでしょうか。最強のスタイルは、**リュックとサブバッグ（ポシェットやウエストポーチ）のコンビ**です。

リュックは収納力が高いうえに、両手を空けておくことができます。薄手の上着や❸ペットボトル飲料を入れておきましょう。買ったお土産をしまうこともできます。

一方、サブバッグには、スマホ、❶老眼鏡、❹レジ袋、❺小銭入れ、パンフレットやもらった拝観券などを入れましょう。ポケットがついていると、なおよしです。

反対に、おすすめできないのは車輪つきのスーツケース（キャリーケース、トランクケース）で、観光地を巡ることです。もちろん旅の行き帰りに使うのはいいんです。でも、それは母艦のようなもの。宿に置いといてくださいね。

スーツケースを運ぶのって、しんどいですよね。なめらかで平坦《へいたん》な道ばかりとは限りません。階段、エスカレーター、砂利道。あっという間に疲れます。それにお寺の敷石などを傷める危険性もあるんです。だから観光地を巡る際には控えましょう。

こんなふうに、ぼくの話にはすべて理由があります。フィーリングでおしゃべりしてるんと違いますよ。本書には44年の経験を凝縮して詰め込んでますからね！

格別旅をするコツ 7

旅行を諦めない

「私は旅に行きたいけど、うちのお父ちゃんは要介護だから一緒には行けないね」

「持病があるから、旅に出るのが心配で……」

そんな声も聞こえてきそうですね。人生100年時代の残りを楽しく過ごすためには、自分の体とどうつきあっていくかも、とても大事なことです。

心はいくつからでも自分で元気にしていくことができますが、体は、長いおつきあいになればなるほど、自分の意思ではどうにもならないことだって出てきます。

でも、だからといって、旅をすべて諦める必要はないんですよ！

ここでは、在宅介護の方をお連れした旅についてお伝えしますね。

その旅は「快《かい》ＧＯ《ご》ツアー」という名前です。快（快適に）ＧＯ（行こう！）で〝かいごツアー〟。ぼくの大親友・宮根誠司さんのプロデュースにより、彼の大親友・中村学さんという介護のプロの協力も得て、3組のお客様を広島にお連れすることができました。

それは**車椅子の方向けの企画**。ほかの旅行会社も取り組みの少ない種類のツアーです。介護士の手配、行く先々の環境確認（車椅子との相性確認）、トイレの確認まで多くの課題がありました。しかし宮根さん、中村さんの尽力のおかげで大成功。その模様は中京テレビで放送され、多くの方から大反響をいただきました。

そもそもこの企画は、宮根さんと中村さんとぼくとで焼肉を食べていたときの雑談が発端でした。

「メディアが介護を取り上げるときは、暗くなりがち。介護の明るい面にも焦点を当ててほしい」と、中村さんがそんな旨のことをおっしゃったのです。

そして、本当に中村さんの言葉通りのことが奇跡的に起こったのです。

何が起きたかお伝えするために、まず、「快GOツアー」ができる前のことから、話を始めましょう。

ぼくのお客様のひとりに、Kさんという60代男性がおられました。Kさんは脳梗塞で半身マヒになった方です。彼はもともと旅好きだったのですが、半身マヒになられてから遠くへの旅はもちろん、近所への外出もむずかしくなっていたそうです。

けれどもぼくは、奥様に「ぜひ、今度ご一緒に来てください」とお伝えしました。だって、病気になったからといって、大好きな旅行を諦めなくちゃいけないなんて、もったいなさすぎるじゃありませんか。ぼくたちが、何かできることがあるならば、なんでもお手伝いしたい。そう思いました。

お伝えをしたとき、奥様からは、あらためて「車椅子で行っていいの？」と確認をいただきました。そのときも「車椅子も個性です。我々も手伝いますから、来てください」とお話ししたのです。

旅に来ていただき、Kさんはとても楽しんでいただいている様子でした。

ただ、一つだけ、気になることがありました。それは、車椅子を押している奥様が、疲れ果てていらしたこと……。

この奥様のことも救いたい。

介護する人も、介護される人も、同じように日常から解放され、喜んでいただく方法はないか、と考えずにはいられなかったのです。

だから、中村さんも一緒に、介護の必要な方がいらっしゃる旅の枠を広げられないかと相談し、できあがったのが「快GOツアー」だったのです。

Kさんにご参加いただいた「快GOツアー」コースは、大阪から新幹線で広島へ、広島からバスで島根県浜田市を経由し島根県大田市へ行くものです。そこで温泉、世界遺産、埋没林、神楽、食事を堪能してもらいました。

お昼は、海辺の絶景レストランでランチをして、奥様は昼からワインを二杯召し上がり、リラックスされ、夕食もゆっくりと楽しんでいただけたようでした。

目玉は露天風呂です。半身マヒのKさんの入浴介助は、かなり難度が高いもの。ですが介護のプロの力で肩までしっかりとつかってもらえました。もちろん、奥様もそのとき、露天風呂に入って休んでいただけました。介護する方も、される方も、どちらも楽しめる旅にしたいという思いも、ちゃんと叶えることができました。

すべての旅程を終え、最後に広島駅の新幹線ホームについたときのこと。それまで

お一人では立てなかったKさんが、なんと車椅子から立ち上がらんばかりの勢いで、中村さんにこう告げられました。

「今度はもっとよくなるから」

二人は固く抱き合っていました。

そして、その2日後。Kさんの奥様から電話がありました。

「平田さん、大変なんです」

「ど、どうしたんです？」

肝が冷えました。もしかして、あの旅の後に具合が悪くなられていたりしたらどうしよう……？　ところが、違ったんです。

「歩けないはずの主人が、今度は自分の足で行くんや、とつかまり歩きをしているんです！」とおっしゃるのです。

ご本人も奥様も、主治医に「自力ではもう立てない」と診断され、諦めていたそうなのに、たった2日でつかまり歩きができるなんてこと、あるでしょうか？　それがあったんです！

「病は気から」、なんていう言葉があります。もちろん、その限りではないでしょうが、ある意味ではこれは本当なのかもしれません。

ぼくたちは医者ではありません。足を治すことはできません。でも、「心」に、「元気や気力」をお届けすることはできます。そして、「心の筋肉」を一緒に動かして、気持ちを取り戻すお手伝いは、ぼくたちにもできるかもしれません。

ぼくは「メスを持たない、旅という薬をお出しする医者」になって、みなさんの体まで良くしていくお手伝いがしたい、そんなふうに思っています。

「快GOツアー」は定期的に行っているものではないのですが、もしもご自身が旅への不安を抱えていらっしゃったり、またお近くにそのような方がいらっしゃるという場合は、世の中にあるいろいろなサービスをぜひ見てみていただきたいと思います。

第6章

1日3回
お風呂に入る
温泉好きが
選び抜いた！

日本のベスト温泉20

温泉大好き日本人の中でも、ぼくは群を抜いておりまっせ〜。まぁ1日3回は当たり前(もちろん湯上がりの一杯も3回いただきます)。茶褐色のお湯も、白濁のお湯も、炭酸のような小さな泡がつくお湯も、どれも違った良さがありますね。

少し体が痛くなってきたら、ぜひ温泉旅に行ってみましょう。お湯は人の心も温めてくれますし、美しく豊かに生きる喜びまで教えてくれます。あぁ日本人に生まれてよかった〜！

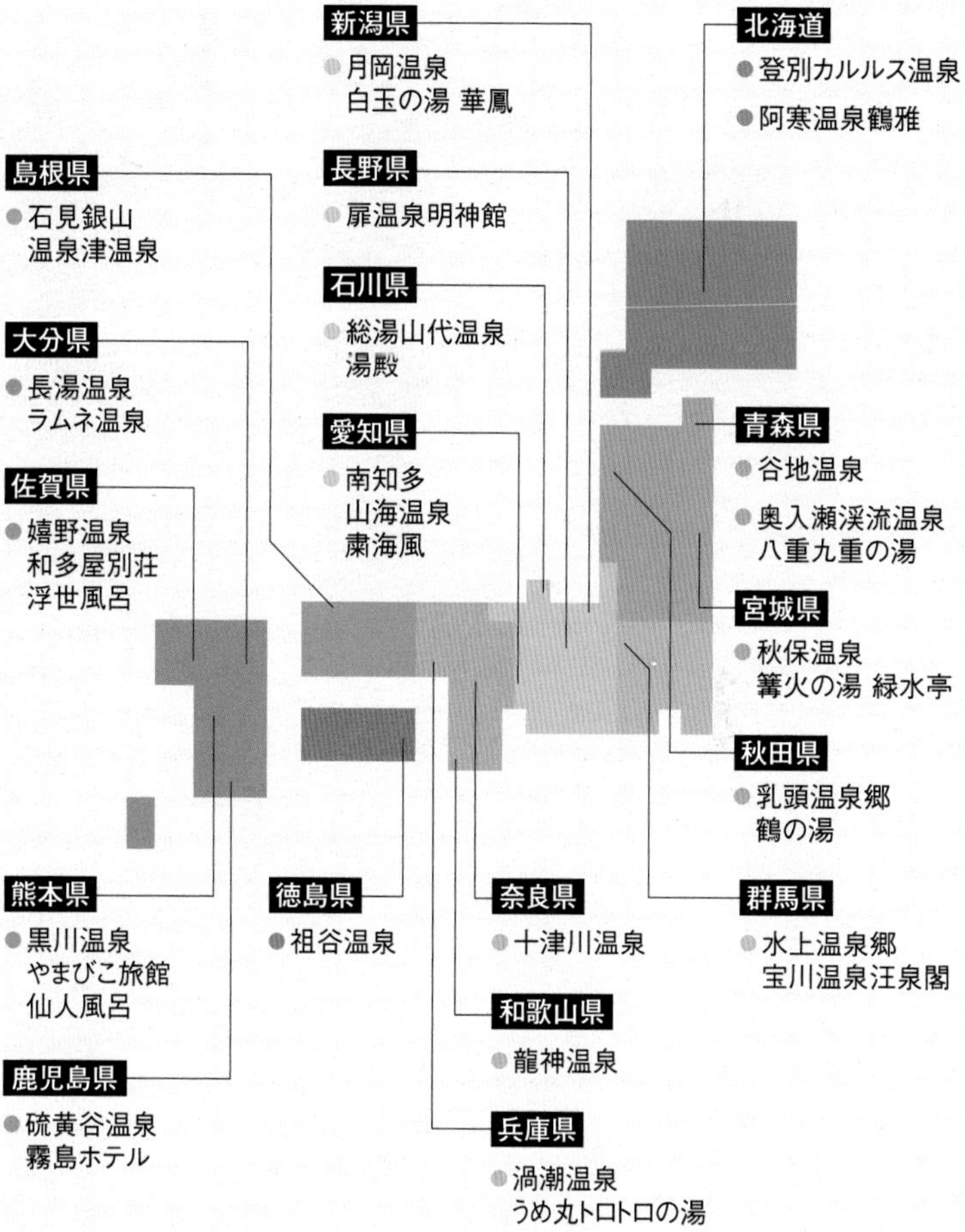

新潟県
月岡温泉
白玉の湯 華鳳
北海道
登別カルルス温泉
阿寒温泉鶴雅
島根県
石見銀山
温泉津温泉
長野県
扉温泉明神館
石川県
総湯山代温泉
湯殿
大分県
長湯温泉
ラムネ温泉
愛知県
南知多
山海温泉
粛海風
青森県
谷地温泉
奥入瀬渓流温泉
八重九重の湯
佐賀県
嬉野温泉
和多屋別荘
浮世風呂
宮城県
秋保温泉
篝火の湯 緑水亭
秋田県
乳頭温泉郷
鶴の湯
熊本県
黒川温泉
やまびこ旅館
仙人風呂
徳島県
祖谷温泉
奈良県
十津川温泉
群馬県
水上温泉郷
宝川温泉汪泉閣
和歌山県
龍神温泉
鹿児島県
硫黄谷温泉
霧島ホテル
兵庫県
渦潮温泉
うめ丸トロトロの湯

奥入瀬渓流温泉
八重九重の湯

九重の滝をのぞみながら
ほんのり白い濁り湯に
浸かる幸せ！
野鳥の声や
滝の音を聞きながら、
幸せなひと時を約束します。

星野リゾート 奥入瀬渓流ホテル

〒034-0301 青森県十和田市大字奥瀬字栃久保231
☎050-3134-8094（星野リゾート予約センター）
（要問合せ）

水上温泉郷 宝川温泉 汪泉閣

天下一をうたう
露天風呂のうち、
子宝の湯はなんと200畳、
美しい渓谷に見惚れて
のぼせないように！

水上温泉郷／宝川温泉 汪泉閣《おうせんかく》

〒379-1721
群馬県利根郡みなかみ町藤原1899
☎0278-75-2611

石川県

総湯山代温泉湯殿

古湯の温泉地にあって
地元の人中心の共同浴場。
広くて安くて
名物温泉たまごがあって、
もう言うことなしです。
日帰りの人にも
おすすめの穴場です。

山代温泉総湯

〒922-0242 石川県加賀市
山代温泉万松園通2番地1
☎0761-76-0144

祖谷温泉

四国一のお湯です！
ぬるめのお湯が好きな人は
最高だと思います。
崖っぷちにあるので、
高所恐怖症の人は注意！

和《な》の宿《やど》 ホテル祖谷《いや》温泉《おんせん》

〒778-0165 徳島県三好市
池田町松尾松本367-28
☎0883-75-2311（予約）

嬉野温泉和多屋別荘
浮世風呂

美肌の湯！

川のせせらぎと、

桜や紅葉が味わえる

庭園風呂がおすすめです。

和多屋別荘

〒843-0301 佐賀県嬉野市
嬉野町下宿乙738
☎0954-42-0210（予約）

長野県

扉温泉明神館

昔は、神様たちが
湯治に訪れる場所だった
とも言われるお風呂。
立ち湯の絶景が
なんとも言えず、
すばらしい！

扉温泉明神館

〒390-0222 長野県松本市
入山辺8967
☎0263-31-2301（予約）

石見銀山　温泉津温泉

元湯は茶褐色のお湯と
長年溜まった湯の花で
いかにも「効きそう！」。
湯治好きは行くべし！

薬師湯

〒699-2501 島根県大田市
温泉津町温泉津7番地
☎0855-65-4894（予約）

第7章

どんなに寂しくても、旅が居場所になる

寂しさを埋めてくれる「非日常」を手に入れる

本書も終わりに近づきつつあります。渾身《こんしん》のネタを最後まで精一杯お伝えしていきますね。それもこれも、あなたに一歩を踏み出してほしいからです。

どんな旅も、非日常を与えてくれます。それは「大金を積めば買える」という質のものではけっしてありません。そんな旅のすばらしさを教えてくれたエピソードをご紹介します。日本有数のホタルの名所、佐賀県小城市・祇園川での出来事です。

ツアーで、ホタルを見にいく会をさせていただいた時のことです。清流に飛び交うホタルたちが目の前に現れ、ぴかぴかと光る姿。もう数日したら死んでしまうのにもかかわらず、懸命に明るく光って生きる姿を見て、多くのお客様が感動のあまり涙を流されました。「なんで泣いてしまうんでしょうね？」とたずねても、みなさん「なんでか分からんけど涙が止まらない」とおっしゃる。それほど感動されたんです。

「こんな気持ちに、なったことない」

「平田さん、またこのホタルを見るためだけに、ここに来たい！」

「何ヶ所も行かなくても、こんなに特別な旅になることがあるんですね」

「これまで、たくさんの名所に行ったり、たくさんの観光地に行ったりしたけれど、このホタルは格別の思い出になりました」

こんなふうに言ってくださったお客様もたくさんいらっしゃいました。

ちょうどその場所、その時期に、そのタイミングで訪れたからこそ、ホタルに巡り会えたのであって、条件が揃わなければどんなに大金を積んでも体験できない。旅に出かけて得られる経験とは、それほど貴重なのです。

そして、ここでとある「事件」が起こりました。

それは、ぼくがお客様から集めた「お礼」のお金が発端でした。

この旅では、ホタル観賞のための臨時バスを旅館から出していただきました。往復1時間、観賞1時間、つまり計2時間も運転手さんに助けてもらうことになります。それではあまりに申し訳ないと、お客様たちから「気持ち」としてお金を集め、運転手さんにお渡しすることにしたのです。

ところが、せっかく集めた大事なそのお金が、帰途のバスに乗る前に、1円残らず全部消えてしまったのです。原因はぼくの流用でした。

「みなさんからお預かりしたお金、流用してしまいました」

ホタル観賞を終え、宿に向かって走り出したバスの中で、突然〝自白〟を始めたぼくに、みなさんがポカンとされています。

「このお金は、運転手さんにサプライズで感謝の気持ちをお伝えするために、お渡しするはずでした。でも、ホタルのガイドをしてくださった観光局に『ホタルの保存協会に寄付してほしい』と全額を渡してしまったんです」

本当なら、運転手さんにお渡しするはずだったお金。運転手さんはどんなお気持ちかと、恐る恐るそちらを見ると、運転手さんは「私がいただいたも同然です、よくぞ寄付してくれました。ありがとうございます」と、にこにこしながらおっしゃってくださいました。

また、お客様たちも同じように喜んでくれました。

「それでええよ」「よかったよかった」と、車内に拍手が起こりました。

こんなふうにお客様が寄付に賛同してくれたのは、ホタルのすばらしさに感動したからでしょう。

自分がお金を払っているのに、拍手をするほど満足するお客様。追加でお金をいただけなくても納得し、喜んでくださる運転手さん。こんな想いを、ふだん味わうことがあるでしょうか。

こんなふうに情を深めていると、「寂しい」なんて感じている隙もありません。

未知のものに触れたり、旅先の人たちと情を深めたりしていると、寂しさなんて一瞬で吹き飛んでしまうんです。「人生、お金や物じゃない」と気づけるし「ここが私の魂の居場所だ」と安心することもできる。それが旅の魅力なんです。

一人の寂しさを埋めてくれた、「行動基準」とは？

あなたは「なんのために生きているんだろう」と考えたことがありますか。答えは簡単。「幸せになるため」ですよね。じゃあ幸せってなにかと言うと「楽しい」と感じる瞬間を過ごすことでしょ。だから**「楽しかったなぁ」という日、つまり〝思い出〟になる日を多く積み重ねた人ほど、幸せな人。**ぼくはそう思います。

「いやいや、私が考える〝幸せ〟って、お金をたくさん持っていることやで」

そんな反論があるかもしれません。たしかにお金は大事でしょう。でも「あり余るお金を手にしても、心にぽっかり穴が開いている人」って意外と多いんですよ。え、信じられませんか？　ここでは、そんなお話をしましょうか。

Sさんという60代の女性がいます。Sさんの夫は、いわゆる資産家。土地や不動産を多くお持ちで、大きなおうちで夫婦ふたりで暮らしておられました。ところが、ご主人が交通事故で急死。Sさんは心の支えを失います。「この先、どうしよう」と泣いて泣いて自暴自棄にもなったとか。その後、ぼくの添乗する旅行に参加してくれました。そして、ぼくを含めていろんな価値観の人と触れ合われました。

Sさんは最初、夫に先立たれた悲しみばかりを口にしていました。

「人って、こんなに簡単に死ぬもんなんですね。それに、死んだらもう生き返ってはこれないんですね。主人の名前を何べん呼んでも、応えてくれません」

悲痛すぎる叫びでしょう。だから、若輩者がおこがましいとは思いつつ、ぼくはこう言わせてもらいました。

「Sさん。あなたはこれから、自分自身が幸せにならなあかん。今まで家庭を守ってまっとうに生きてきてんから、自分のために生きてください。あなたが泣いている姿を見ても、天国のご主人が喜ぶわけがない。ご主人が遺したものを守りながら、あなた自身が笑って過ごしている姿を見て、ご主人も初めて喜ぶんとちゃいますか」

ほかの参加者さんらも、Sさんに寄り添ってくれはった。とくに女性同士は、共感できる部分も大きかったでしょうね。

それから、Sさんは変わりました。旅で出会った参加者さんと仲良し3人組になって、ぼくの旅に何度も参加してくれたんです。うれしいのは、それだけじゃありません。Sさんが自分自身のために、お金を大事に〝活かせる〟ようになったんです。


ここだけの話ですけどね、桁外れのお金持ちや代々資産家の人って、実際は倹約家で質素につつましく暮らしていることが多い（だから、ちゃんと貯まるんですね）。浪費したり、見せびらかしたりしない。Sさんのおうちもそうだったらしく、暮らしはシンプルで、過度なおしゃれや贅沢とは無縁だったとか。

でも、ご主人亡きあと、Sさんの価値観は旅に出たことで激変。「自分を喜ばせること」を、もうちょっとしてもいいんじゃないかと気づいたそうです。たしかに節約や倹約はすばらしいこと。でも、年がら年中〝質素モード〟だと息もつまりますよね。

流行などとは関係なく、自分が本当にひかれた、ちょっといいお洋服を着たり。見栄を張るためではなく、自分の心を弾ませるために、大好きなバッグを身につけたり。

〝世間〟ではなく〝わたし〟のご機嫌をうかがいながら、生き方を変えていったのです。**行動基準は「わたしがそれを望むかどうか」「自分自身が喜ぶかどうか」**。ね、素敵でしょ。そんなふうに生きられるのは、年齢を重ねた人の特権ですよね。実はその後も、Sさんは試練に見舞われます。体調を崩され、車椅子で移動されるようになったのです。でも、ご本人はとても幸せそうな表情で過ごされています。なんでそんな近況を知っているかというと、Sさんを含む「仲良し3人組」で、ぼくをよく訪れてくれるから。あるとき、こんな言葉をもらいました。

「平田さんは私に『これから自分自身が幸せにならなあかん』って言うてくれた。おかげで私は幸せな友達と出会って、幸せな時間を持つことができた。夫を亡くして、落ち込んでどん底やったけど、旅に出て変わることができた。今が一番幸せです」

　過去のSさんは「夫といる生活が自分の幸せ」ととらえていたでしょう。でも人生観を変えたくなった。「自分をより喜ばせることができる生き方をしよう」と気づいたんです。さて、あなたはどんなふうに自分を喜ばせてあげていますか?

旅行は「居場所」になる

ぼくのまわりを見ているだけでも、悩みを抱えている人が驚くほど多いように感じます。でも、ぼくは思うんですけど、**寂しさのない人間なんてひとりもいませんよ**ね。老若男女、寂しいのがふつうです。寂しい思いを抱えていたって、たまにぽろりと涙をこぼしてしまったって、全く変なんかじゃありません。

でも、そこで違いが出てくるのは、それを埋める手段をどれだけ持っているかです。家事や育児、介護などに追われていたら「寂しい」と自覚する間もないほど忙しいかもしれません。でも、ふっと余裕ができて「寂しい」と感じた瞬間にどうするか、ということなんです。**〝日常〟のなかでは、何も起こらない。刺激もない。それで寂しい気持ちをつのらせてしまうのなら、ふらっと旅に出て、自分からおもしろいことを**

狩りに出てほしいんです。

ぼくの旅では、お客様同士が親戚みたいな関係になることが多くあります。旅先で触れ合って、優しくし合って、笑って、感動して。心がたくさん動くから、つながりやすいんでしょうね。ぼくらは、生まれてきてから死ぬときまで、本質的には「ひとり」です。でも、ひとりだからこそつながることができるんですよ。

旅の常連さんで、バスの中を盛り上げてくれるSさんという60代女性がいます。ぼくが説明をしているときに、絶妙のタイミングでツッコんでくれるんです（笑）。それを、Sさんのご主人がさらにツッコんだり、ときにはボケたり。しかもみんなを巻き込んで、うまいことトークを広げてくれるんです。だからまわりのお客様たちも楽しい。ツアーの運営側としても、ありがたい限りです。そんなSさん夫妻を見ていると「これがつながる力やなあ」と毎度感心させられます。

でも「Sさんみたいに、大勢の前で積極的に話しましょ」とすすめたいわけじゃありません。**相手の話を聞いて、笑うだけでもつながる**ことになるんです。ね、楽ちんでしょ。そうやって、寂しさを旅先に埋めて、供養したらいいんですよ。

心を癒す「傷心旅行」の効能

日常の延長線上では、自分を癒すのはなかなかむずかしいものです。だから〝非日常〟に逃げていいんです。

〝非日常〟にも、いろいろありますよ。世間をお騒がせしてしまう非日常、誰かを傷つけてしまう非日常……。テレビのワイドショーでよくお見かけしますよね。「この人は寂しさのあまり、非日常に逃げたんとちゃうか」、そういうとき、「言うてくれたら、旅にご案内したのに」って思うことがあります。

それほど旅には力があるんです。だって昔から**「傷心旅行」という言葉があるでしょう。失恋やつらいこと、嫌なことがあったとき。寂しさを癒すために出かける旅行のことをいいます。つまり昔の人は、旅が持つ癒しの力をよく知っていた**んです。

旅のパワーを熟知して、最大限に活用されている保険外交員のWさんはこんなふうに心を癒されていました。彼女はバリバリと働いている50代女性です。そんな彼女が、お友達と参加してくれたんですけどね。いつもの仕事とはガラリと変わった姿で外国の民俗衣装を着て歌って、踊って、騒いで、こう喜んでくれました。

「平田さん、今回の旅で、いつもの仕事とは全然違う自分になれたわ。何万円も商品券をもらうより、こうやって旅で、人に会ったり、知らないことしたり、やりたいことやって発散するほうがずっとええわ。ほんまにうれしい」

そんなん言われたら、添乗員冥利に尽きるでしょう。

ではなぜ、旅で寂しさが癒されるのかというと「自分だけが寂しいのだと思っていたけど、自分のまわりにはたくさんの人がいるということ、その人たちも、寂しかったり、でも楽しんだりしながら生きているんだ」ということに気づけるからでしょう。要は視界が広がると、視点もがらりと変わるんです。

このように旅は、お酒やギャンブル、スキャンダルなど刺激の強い〝非日常〟とは異なります。心身への副作用なしに寂しさを払拭できる。だからすばらしいんですよ。

旅で「区切り」がつく

最初におことわりしておきます。ぼくはインテリでも読書家でもありません。でも最近、お客様の影響で、ある学者さんの説を知って感動したんです。ぼくの言いたいことを見事に補強してくれる説なので、紹介させてくださいね。

それは、明治生まれの民俗学者、**柳田國男さん**が提唱した考え方です。有名な「**ハレとケ**」という概念、ご存じですか？　日本人は昔から「ハレとケ」というバランスをとって日々のくらしを営んできました。分かりやすく言うと、「非日常と日常」です。

「ハレ」（晴れ）……非日常。冠婚葬祭や年中行事などの、特別な日。

「ケ」（褻）…………日常。「ハレの日」以外の日。ふだんの生活を送る日。

「ハレの日」は特別な日。ですから昔の人は、ふだんは食べられないような豪華なごちそうを食べて特別な服を着て、祝ったのです。たとえばお酒や白米など、神様にお供えするようなものを、大事にいただいたそうですよ。今でも「晴れ着」「晴れ舞台」なんて言うでしょう。その「晴れ」という単語は「ハレ」に由来します。

一方、「ケの日」とは、いつもどおりの日。シンプルな食事をして、労働をして、終わる日です。食事は一汁一菜。主食も白米ではなく、ヒエやアワなどの雑穀です。

もちろん贅沢な「ハレの日」ばかり続けることはできません。興奮しすぎて疲れるでしょうし、家の経済も回らなくなります。だから昔の人は、1年のうち何日かを「ハレの日」として満喫し、残りの「ケの日」はがんばって働きつづけたわけです。

この考え方、とても合理的で持続可能だと思いませんか。疲れ果てることなく、飽きることもなく、いい塩梅でがんばりつづけられますよね。だからあなたにも、そんなライフスタイルを取り入れてほしいんです。

ちょっと考えてみてください。もし「ハレの日」がなければ、あなたはどうなるでしょうか。好きなことややりたいことを満喫する日がなければ、どうでしょうか。人って、同じことを続けているだけだと、どんどん自分が「小さく」なっていく、エネルギーがどんどん減ってきてしまう生き物なんやないかと思うんです。同じことを続けていると、変わらないんじゃないんです。小さくなってしまう。少しでも違うことに触れて、新しいものと触れて初めて、やっと同じ大きさを保てるものじゃないかと思うんです。

おつとめしている人にとっても、そうでしょ。毎日同じ職場で同じ顔ぶれで同じような業務に従事しつづけていたら、飽きて、少しずつ仕事への興味が薄れていくと思うんです。だから社内行事は大事なんです。歓迎会、送別会、飲み会、暑気払い、新年会、忘年会 etc……。

また、この柳田さんの「ハレとケ」という概念に加え、**「ケガレ」**という概念もあるようです。「ケの日」だけをくりかえすと、「ケが枯れる」(=気が枯れる)ため、病気になったり、日常生活に支障をきたしたりしてしまう。そんな状態を「ケガレ」と定義する専門家もいます。

言われてみれば、たしかにそうですよね。人は、日常が続くだけでは耐えられへんのです。日常のなかに「ハレの日」という区切りを定期的に設け、心身を健やかに戻す必要があるんです。

とはいえ、今のくらしの中で「ハレの日」をひとりで設定するのはむずかしいもの。そこでおすすめしたいのが、そう、旅に出ることです！

どうでしょう、この「ハレとケ」の説を知ったら、旅行嫌いのあの人も、誘いに乗ってくれる気がしませんか。「旅なんて、やめとき」と反対する人も、説得できそうな気がしませんか。

毎日ストレスをためず、争いもせず、ほがらかにくらしていくために。何気ない日常のなかでも、幸せを深く味わうために。「ハレの時間」で区切ることって大事なんです。この柳田さんの説、説得力がすごくありますよね。

旅に出ると、日常をおおらかに過ごせる

旅は日常のなかに区切りをつけてくれるだけじゃありません。あなたの視野を確実に広げてくれます。たとえばね、世の中には「ここを見ないで死ねるか！」という個性的な土地やすばらしい観光地が、まだまだ山ほどあるんですよ。失礼を承知でちょっと口出しさせてもらいますけどね、「それらをまったく知らんまま、人生の幕を閉じていいんですか？」とおたずねしたい。

いまやテレビやネットなどに頼れば、未知の土地の情報なんていくらでも触れられるかもしれません。本書でも、イメージをしてもらいやすいように、写真は何点か載せています（日本編は86ページ、世界編は１７４ページ）。

でもね、それを見ただけで満足してほしくないんです。「行ったつもり」になって

ほしくないんです。だって**現地に身を置いて初めて、感じられることってめちゃくちゃ多い**から。実際に旅をして、五感をフル活用して、そこのよさを吸収してくださいね。

もっと言うと、旅って景色の美しさやすごさを堪能できるだけじゃありません。その土地ならではの習慣や風習に触れられるのも大きな魅力です。

たとえば、その土地に古くから伝わるお祭りや行事、郷土芸能などにも出会えます。目立つわけじゃないけれども、先祖代々守り継いできた〝お宝〟を、今に伝えてくれている人たちも存在するんです。

なかでも、イチオシの郷土芸能をご紹介しましょう。ぼくが観光大使を務めている長崎県雲仙市国見町に約250年前から続く「**鳥刺し踊り**」です。

1秒見るだけで「なに、この踊り!?」って叫びたくなりますよ。国内旅行でここまでのカルチャーショックを味わえる体験は、なかなかないはずです。

この**「鳥刺し踊り」をひとことで説明すると、「ほっかむりに赤ふんどし姿の男性**

たちが、鳥黐《とりもち》をつけた竹竿で鳥を獲る様子を表現した踊り」。

現代では、ひとりの歌い手さん（継承者）がマイクを持って歌い、それに合わせて5人前後の踊り手さん（同じく継承者）が身振りをそろえて踊りながら、ぐるぐる回るというスタイルが定番です。

さらに興味深いのは、この伝統芸能は、「この地域のイチゴ農家の息子しか引き継げない」という点です。しかも、それを伝えるのは口伝なのだとか！

マニュアルが出回っていたり、「動画で覚えなさい」と言われたりするわけじゃないんです。どうしてこの踊りができたのか、どうしてイチゴ農家さんしか受け継ぐことができないのか、現地の方に話を聞いてみたくなること請け合いです。

なかでも目を引くのは、踊り手さんらが自分の尻をペシッ、ペシッと叩くこと。そういう振り付けなんですが、そのためにみんなのお尻が、あっという間にお猿のように真っ赤になってしまうんです。

そして、ぼくもいろんな人に聞いたんやけど、この「お尻を叩く意味」がまだ分からないというんです。伝統って、不思議なものです。でもそれがずっと受け継がれてきているんです。

ほぼ半裸の男性たちが長い竹竿を持ち、鳥をピュッと刺すような動きで、踊る姿。この話をして「ああ、あれね」と分かった人は、ほとんどいないと思います。これだけでも、「日本は広い」って分かるでしょ。そしてこの「鳥刺し踊り」を実際に見たら、**価値観がひっくり返るというか、常識が揺らぐというか、タガが外れるような感覚を味わえます。**

もし、これで知的好奇心を刺激されたなら、ほかの珍しい伝統芸能や〝奇祭〟も見に行きたくなるはずです。

とにかくあなたは、今まで毎日まっとうに生きてきた。それだけでもう満点です。人生の後半は全国各地の珍しいもの、おもしろいものを見て、「へぇ！　すごい！」と思いながら、脳を刺激して生きていきましょう。

旅は、幸せを作る力を分けてもらう時間

ぼくの幸福論は、シンプルです。「幸せになりたかったら、旅に出たらええ」

そもそも、ひとりでがんばりながら幸せになるなんて、誰にとってもむずかしいこと。だから、**幸せになるきっかけや幸せを作りだす力を、旅先でお仲間からもらったらええんです**。

幸せを自分で作るというよりは、**幸せを作る力を分けてもらいにいく**。そんな感覚でいてください。つまり、自分の行動範囲の外にゴロゴロと転がっている「幸せを作りだす力」を狩りに行く。そんなイメージです。

おおげさに聞こえるかもしれませんが、旅とは「綺麗な心をもらえる場」です。旅先では、初対面の人同士、いろんな感情のキャッチボールが生まれるでしょう。でも

ね、ヘンなボールを投げられる心配はいりません。だってみなさん上機嫌で参加してるんやから（笑）。

「優しくしてあげよう」「教えてあげよう」「やってあげよう」、みなさんこんな綺麗な心を、目の前の人に与えようとします。それも、「旅マジック」（79ページ）のひとつ。だから、受け取り上手になったらええんです。「ありがとう！」と笑顔で堂々と受け取ればいいんです。

つまり、そんな優しさに触れられるのが、旅のよさ。**日常ではなかなか出会えないような、同じ興味を持っている人や、魅力的な人物に会えるかもしれないのが、旅の醍醐味**なんです。人に会うことで、人は価値観が変わるし、行動的にもなります。そういう人に感化されると、生きること、楽しむことに貪欲にもなれます。

もしも読んでいるだけでなんだかワクワクしてきたというなら、今が旅の黄金期です。あなたも、こんなチャンスを受け取りにいきませんか。綺麗な心に触れたひとときは、忘れられない思い出になりまっせ。

旅でできる「情」こそが最高の思い出

あなたの住まいは都会ですか、それとも人情あふれるのどかな地方ですか。

ぼくはもともと奈良・吉野の生まれ。田舎で育ちましたが、今は関西の都市部にくらしています。せやから、地方都市に旅の添乗に行くとうれしくてたまらない。今のぼくらが忘れかけているような優しいコミュニケーションにあふれているんです。

すれ違う人たちは、みんな気さくで親切。畑で採れた野菜をくれたり、漁の話をしてくれたり。お祭りでもてなしてくれたり、珍しい風習を教えてくれたりもします。

また現地の暮らしを観察していると、その交流の濃さに驚きます。回覧板をやりとりしていたり、お葬式が出たら村中総出で手伝いに行ったり。しかも「あの家の長女は◎県に嫁いで◎年で、◎人の子育て中らしい」というような情報まで、その集落の人たちが共有している。

なぜかというと、美容院や飲み屋さんなど、接客業のお店から、情報がもれてしまうんです。そんなお店って、集落に1つずつしかないことが多いでしょ。だから、そこが情報の集積地になるわけです。都会だと考えられない、隣人との距離感ですよね。

もちろん、都会と地方、どっちが幸せかなんて、分かりませんよ。でもね、**コミュニケーションが希薄になりすぎると、弊害もある**ように思うんですよね。

人間って「人の間」って書くでしょう。つまり人と人とのあいだで、ふれあいながら暮らしていくのが、人本来の姿やと思うんです。すると「お隣さんの名前も顔も知らない都会の暮らしって、大丈夫かな」とも感じるわけです。みんな、孤独を強いられながら、さみしいと思いながら、耐えてるんとちゃうかなぁ……って。

だからといって、ぼくが都会の人たちを救えるわけやないんですけどね。素敵な地方をたまに訪れ、人の情に触れるのは大事やと思うんです。そうしないと、人のぬくもりとか、対話する喜びとか、いつのまにか忘れてしまうんちゃうかと心配なんです。

「いや、私は毎日会社に行って、たくさんの人と話しているから大丈夫やで」

そんな人もいるかもしれません。でも、それはあくまで利害関係があるところでのコミュニケーションでしょう。


損得勘定抜きで「ありのままの私」に戻って、他愛もない話に興じる。それもできれば気持ちのいい自然のなかで、時間を気にせんと会話を純粋に楽しむ。「心のリハビリ」というたら大げさかもしれないけれど、人生のなかでそんな時間を意識的に確保しとくべきやと思うんです。


とはいえ、そこでむずかしい話をする必要なんてありませんよ。

「おばあちゃん、その野菜、何ですか？」「おじいちゃん、今日は何獲れたの？」「あの大きな山、なんて言うんですか？」「ここから学校まで、何分かかるの？」

こんなちょっとした言葉から始まるコミュニケーション、素敵やと思いませんか。

「大阪から初めて来たんですけど、ここはほんまに空気がおいしいですね」

そんなふうに自己紹介をすれば、会話も広がっていくでしょう。それこそ「この柿、食べ頃やから持っていき」と手渡されたりしてね。ひとしきり会話が弾んだら、「おばあちゃん、また来ますね」と、再訪を約束したくもなるでしょう。

それが「人との情ができた」ということ。これって簡単なように思えるかもしれませんが、都会にいるとなかなかできないことなんです。だってみんな忙しいですし、いろんなことに追われていますからね。だからこそ、時間の流れのゆるやかな地方に旅をしてほしいんです。

たとえば都会だと、道に迷ったときすら人に声をかけるのがためらわれることってありませんか？「急いでます！」とか返されそうで、こわいですやん。「スマホで調べたらええのに」って思われるのもいややしね。

でも、地方都市の人は、なんだか声をかけやすい。「人との情ができる」余裕が、まだ残っているんです。旅では、そんな心豊かな人たちと情を作ることができます。

お金で買えるものじゃなくて、情を求めること。情を作ること。それこそが今の時代、最高の贅沢やとぼくは感じてます。

「旅の恥はかき捨て」の本当の意味

この章の終わりに「旅の恥はかき捨て」というお話をさせてもらいます。とはいえここでいう「旅の恥はかき捨て」とは「旅先は無礼講」という意味ではありません。「好き勝手に、いろんなところでおしっこして、ビャーッと逃げていくセミみたいに、旅先ではハメを外して欲望のおもむくままに、楽しんだらよろしいやん」

そうお伝えしたいわけではないので、くれぐれも誤解せんといてくださいね。

このことわざを平田流に解釈すると、**「ふだんの肩書や役割、しがらみなどから、あなた自身を解放してあげてください」**という意味になります。前にも触れましたが（38ページ）、大事なテーマなんで、例を挙げながらくりかえしておきます。

ぼくがお連れするお客様のなかには、たとえば市長さんなど自治体のトップも多い。

そんな方々は、やはり根っから真面目だし、職責に対しても真剣です。プライベートの時間も派手に遊ばない。常に自重されています。そらもう四六時中、大変な重責を感じておられるんやと思います。

そんな方がぼくの旅では、終始くつろいで、他愛のない冗談を言い、明るい笑顔で楽しそうに過ごしてくださるんです。お酒の席になると、ちょっと陽気になる方もいますが、みなさん人格者やから飲み方は上品。そして、ぼくみたいな添乗員にも本音を明かしてくださるんです。

「平田さん、私は地元だと顔が知られてるでしょ。目立つから、年中ハメを外せないんです。でも遠いところに旅をすると、私のことなんて誰も知らない。だから解放されて、心に羽が生えたみたいに自由になれる。それがうれしいし、楽しいんですわ」

責任が重い。背負うものも大きいのに、日常の中でのストレス解消はむずかしい……。でもそんなときでも「旅」がお役に立てるなら、これほどうれしいことはありません。いい政治のためにも、旅にどんどん出て、「幸せを作る力」を受け取ってほしいですよね。そして日常でふたたび仕事に精を出してもらえれば添乗員冥利に尽きるというものです。それに政治に携わる方なら、いろんな土地を見て回ることは、いい刺激になるはず。だから「旅の恥はかき捨て」をモットーにしてほしいと願っているわけです。

もちろん、政治家の方だけではありません。みなさんに、同じことが言えますよ。**たとえば主婦の方の場合。ご家族への不満を忘れ、ご近所のしがらみから離れ、心をまっさらな状態にして、ウキウキする非日常を楽しむ時間は大事**なはずです。そこでぼくは**「仇討ちツアー　４時間の家出」破格の一万八千円！**というツアーを催行したことがあります。名前はちょっと物騒なんですが（笑）、大人気の企画でした。

これはもともと「夫ばかりが遊び歩いて腹が立つ、仕返ししたい」というお客様との雑談から生まれた企画です。高級クラブや高級レストラン、華やかなダンサーさんたちによるニューハーフショーなど、夜の遊び場を巡るプログラムです。なにしろ仇討ちですからね、ふつうの衣装じゃつまらない。「光り物もあるようなド派手な衣装」をドレスコードにしました。家にある宝石を全て身につけてきてもらい、しまいには数珠までつけている方もいらっしゃいましたよ。

まず大阪随一の高級歓楽街「北新地」のクラブで1杯飲んだあと、バブル期に建てられた豪華なレストラン「水響亭」で食事を楽しんでもらいます。この水響亭の水槽には熱帯魚がたくさんいて、海中にいるような雰囲気を味わえるんです。そして目玉のニューハーフショーへ。水響亭から徒歩5分のところにあるお店ですが、あえてタクシーで移動してもらいます。ちょっとしたことですが、そんなことが旅の非日常感を高めてくれます。もちろんここでも大盛り上がり。ツアーの前と後の表情をくらべると、みなさん別人のように輝いていました。不満や疲れが吹っ飛んだんでしょうね。

これがぼくの言う「旅の恥はかき捨て」です。あなたのことを誰も知らないところで、**自分自身に「参った!」と言わせるくらい、とことん楽しんだり、面白がったりしてほしい**のです。「夫ばかり楽しそうでずるい」と感じるなら、あなたも思いっきりハメを外して遊べばいいんです。一度遊べば、どんなものか分かるでしょう。それに「今のわたしが本当にしたいこと」が見つかるかもしれません。

つまり、ちょっとでも興味があることには、早めに挑戦してほしいんです。この世で〝夢〟をやり残さないこと。未練があったら、成仏なんてできまへんで!

第8章

添乗員44年で選び抜いた！

見ないと死ねない！世界の絶景11

世界は広いですから、全部の絶景を見てから死ぬことはできないかもしれません。ですから、まずはぼくが44年間の添乗員生活の中で「ここはすばらしかった！」と思える場所をお伝えしますね。

ここから行く場所を選んでもらうのもよし、写真を見て夢をふくらませるのもいいかもしれません。でもとにかく、すばらしい場所ばっかりですよー！

チェコ
チェスキー・クルムロフ
フィンランド
サーリセルカのオーロラ
アメリカ
霧の乙女号
カナダ
ロッキーマウンテニア号
中国
玉龍雪山《ぎょくりゅうせつざん》
台湾
日月潭《にちげつたん》
アメリカ
ハワイ島マウナケア
フィジー
ボモ島
カンボジア
アンコール・ワット
ニュージーランド
ミルフォード・サウンド
オーストラリア
パース

フィンランド

サーリセルカのオーロラ

見た時に
「生かされている」という
荘厳な気持ちになられる方が
ホンマに多いです。
見たことない方は
死ぬ前にいっぺん見ても
損はありませんよ！
見た人はほとんど
涙を流します。

アンコール・ワット

こんな景色、なかなか見ることはできません。

朝日や夕日の時間帯には、

神殿かと思わされる究極のパワースポット。

こんなん、生きているうちに行ってください。

生きているうちですよ。

死んだら、そんなの行けませんよ。

ロッキーマウンテニア号

カナダのバンクーバーから
バンフまで行く間の豪華な列車です。
特等席は、上がガラス張りで、
天井が透けて見えるんですよ。
カムループスからバンフの一番いいところを
特等席にするのがおすすめです。
食事なんかもすごくおいしいですから。
深い渓谷を蛇行しながら進むコースは圧巻！

霧の乙女号

ナイアガラの滝を遊覧する観光船です。
かっぱを着て、水しぶきがあがるところまで
入っていく体験は、忘れられませんよ！
神水のシャワーでした。

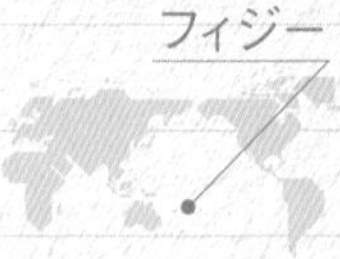

ボモ島

フィジーのナンディという都市から

ヘリコプターで行く離島。

ぼくが行かせてもらった時は、

サンゴ礁の綺麗な海の上をわたっていたら、

途中で雨が降ったんです。

そして、急に晴れたら、真っ青な空が出て、

楽園のようなところに着陸しました。

そんな夢のような体験ができます。

オーストラリア

パース

かの有名な兼高かおるさんが
“世界でもっとも美しい街”
“世界でもっとも住んでみたい街”
と言った街。
行ってみたら星空も綺麗だし、
ピナクルズという砂漠に
聳え立つ岩も圧巻です！
旅慣れた頃、
でもまだ元気なうちに
行ってみてくださいよ！
ぼくも行けて良かった〜。

チェスキー・クルムロフ

長年旅行添乗員をやっていますが、
展望台からこの街を眺めた時、
「うわーっ」と声が出た街並みです。
世界大戦で奇跡的に残った
城壁と街並みを、
ぜひ自分の目で見てみてほしいです。
高台から見て、こんな綺麗な町、
見たことなかった！

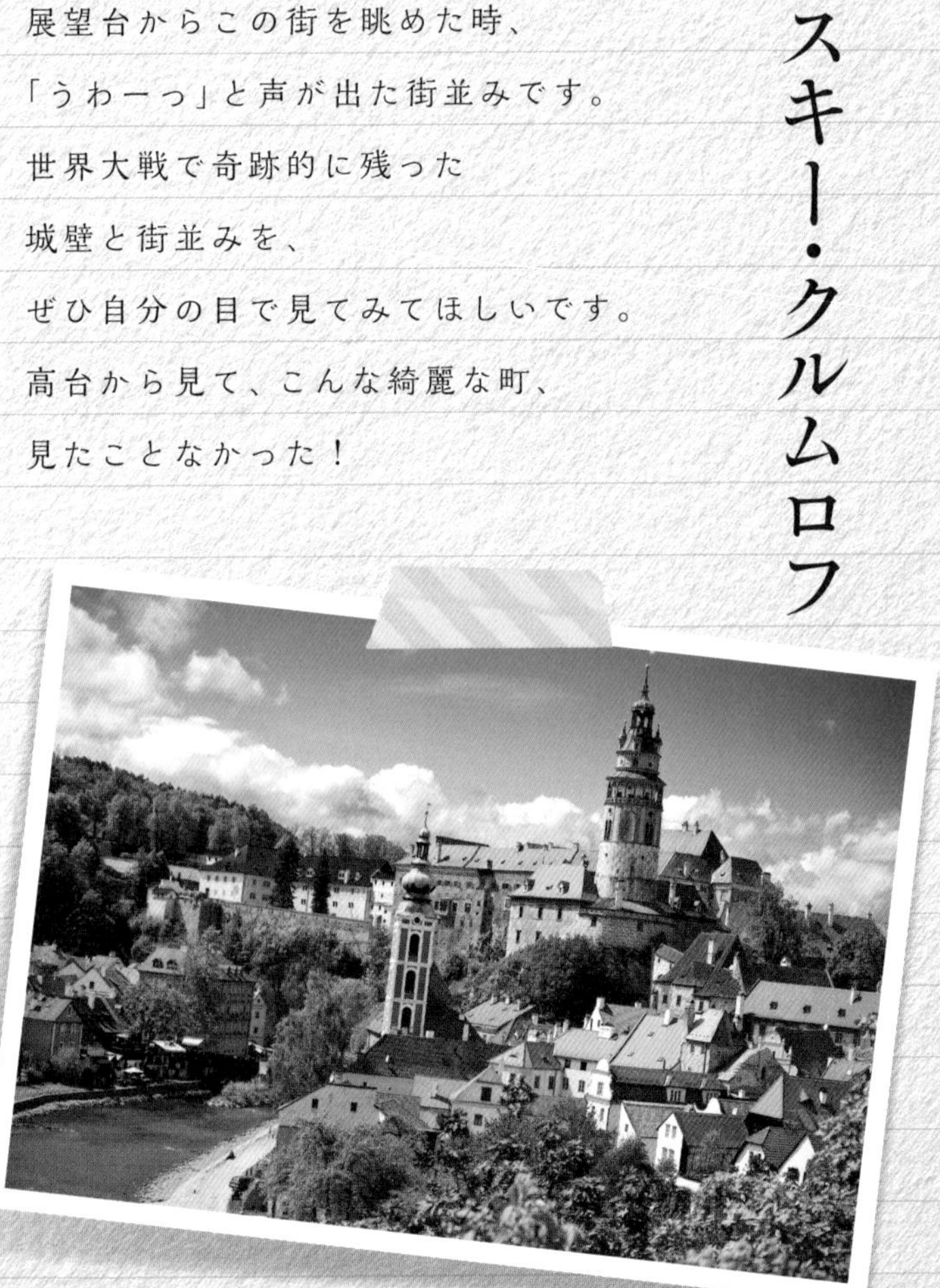

おわりに

誰にでも、その人だけに与えられた使命があると思います。ぼくの使命は、旅に参加されたお客様をお世話しておもてなしして、喜んでもらうこと。ぺしゃんこになった風船のような心を、喜びで満たしてもらうこと。そうやって幸せの種をばらまくために、ぼくは生かされているようなもの。だから、お客様の笑顔を見ることが、ぼくの生きがい。旅こそが、居場所なんです。

ぼくがたずさわる「観光業」。この観光という言葉には「光」という語が含まれています。光とは、その土地の魅力を指しているように思います。つまり、その土地の魅力を探し出し、スポットを当て、その価値を多くの人に伝えていくことこそ、観光業という言葉の意味なのではないでしょうか。

「これはみなさんに知ってほしい」「この景色は見てもらいたい」

そんな気持ちに突き動かされるように、ぼくは「光」をお伝えしつづけてきました。

検査入院のため、病院で数日を過ごした50代の頃。看護師長さんに頼まれ、入院患者さんたちの前で、プチ講演をさせてもらったことがあります。

「旅は命の洗濯です。退院したら、旅をどうぞ楽しんでください」

そう前置きして、旅の魅力や「おすすめの観光地ベスト5」をお伝えしました。とはいえ急に頼まれたことですから、写真もパンフレットも手元にありません。でも、お役に立てたらという一心で一生懸命話をさせてもらいました。そんな気持ちが通じたのでしょうか、松葉杖をついた人、車椅子姿の人、体中に管を通した人、多くの人たちがその部屋に集まり、熱心に耳を傾けてくれました。

「私、行けますやろか?」「ぼくは医者とちゃうから分からへんけど、あなたやったら大丈夫ですよ」、そんな会話の数々は、今でもぼくの大切な宝物です。

こんなふうに、ぼくが今まで蓄積してきた各地の魅力を、まるでリレーのように多くの方につないでいければと願っています。それは光をつなぐリレーなんです。

あなたも光をちゃんと受け取って、次の人につないでくださいね。約束ですよ。

どうぞ、素敵な旅を!

平田進也

[著者プロフィール]

平田進也（ひらた・しんや）

サラリーマンなのに、私設ファンクラブの会員数約2万人を超え、関西で絶大なる人気と知名度を誇るカリスマ添乗員。44年間、日本旅行で添乗員を務めている。京都外国語大学在学時からテレビ番組「ラブアタック!」の名物みじめアタッカーとして活躍。日本旅行入社後も、「マツコの知らない世界」「ジョブチューン」「ガイアの夜明け」「おはよう朝日です」「探偵!ナイトスクープ」などに出演し、テレビ出演は700回を超える。添乗員としての豊富な経験と、おもしろトーク&変身芸を生かした「平田進也と行くツアー」は、発売するとすぐに売り切れるほどの人気を誇る。幅広い層のファンを持ち、「ナニワのカリスマ添乗員」の異名をとる。2013年より関西のラジオ局ラジオ大阪で冠番組「平田進也の耳からトラベル」のパーソナリティーを務めている。

あの世に
持っていけるのは
「思い出」だけ

2024年4月15日　初版印刷
2024年4月30日　初版発行

著　　者　平田進也
発 行 人　黒川精一
発 行 所　株式会社 サンマーク出版
〒169-0074 東京都新宿区北新宿2-21-1
☎03-5348-7800（代表）

印　　刷　株式会社暁印刷
製　　本　株式会社若林製本工場

定価はカバー、帯に表示してあります。
落丁、乱丁本はお取り替えいたします。

ISBN978-4-7631-4135-4　C0030

ホームページ　https://www.sunmark.co.jp